PAGRINDINĖ JŪROS GĖRYBIŲ KULINARINĖ KNYGA PRADEDANTIESIEMS

100 ŠVIEŽIŲ IR ORIGINALIŲ RECEPTŲ, KAIP PRATURTINTI JŪROS GĖRYBIŲ PATIEKALUS NAMUOSE IR RESTORANUOSE

IRENA VASILIAUSKIENĖ

Visos teisės saugomos.

Atsisakymas

Šioje el. knygoje pateikta informacija turi būti visapusiškas strategijų, apie kurias šios el. knygos autorius atliko tyrimą, rinkinys. Santraukos, strategijos, patarimai ir gudrybės yra tik autoriaus rekomendacijos, o šios el. knygos skaitymas negarantuoja, kad rezultatai tiksliai atspindės autoriaus rezultatus. El. knygos autorius dėjo visas pagrįstas pastangas, kad pateiktų naujausią ir tikslią informaciją el. knygos skaitytojams. Autorius ir jo partneriai neprisiima atsakomybės už bet kokias netyčines klaidas ar praleidimus. El. knygos medžiagoje gali būti trečiųjų šalių informacijos. Trečiųjų šalių medžiagą sudaro jų savininkų nuomonė. Todėl el. knygos autorius neprisiima atsakomybės už bet kokią trečiųjų šalių medžiagą ar nuomones.

El. knygos autorių teisės priklauso © 2022, visos teisės saugomos. Draudžiama perskirstyti, kopijuoti arba kurti išvestinį darbą iš šios el. knygos visos ar jos dalies. Jokia šios ataskaitos dalis negali būti atgaminta ar perduota bet kokia forma be raštiško ir pasirašyto autoriaus leidimo.

TURINYS

TURINYS 3
ĮVADAS 7
OMARAS 8
    1. Omarų termidorius su Newburg padažu 9
    2. Meino omarų ritinys 12
    3. Įdarytas omaras Thermidor 15
    4. Omaras su vanile 18

KREVETĖS 20
    5. Aštrios ant grotelių keptos krevetės 21
    6. Ant grotelių keptos žolelių krevetės 24
    7. Krevetės ir brochette 27
    8. Krevečių pakeliai 30
    9. Baziliko krevetės 32
    10. Ant grotelių keptos šoninėje apvyniotos krevetės 34
    11. Ant grotelių keptos krevetės 36
    12. Alabamos krevečių kepimas 38
    13. Beveik krevetės Paesano 41
    14. Pupelių ir krevečių risotto 43
    15. Aluje keptos krevetės 46
    16. Virtos Persijos įlankos krevetės 48
    17. Remoulade padažas 50
    18. Kalifornijos Scampi 52
    19. Šampano krevetės ir makaronai 54
    20. Kokoso krevetės su Jalapeño želė 57
    21. Kokoso tempura krevetės 59
    22. Ragelės su krevetėmis ir raudonėliais 62
    23. Kreminės Pesto krevetės 65

24. Delta krevetės 67
25. Krevetės 70
26. Baklažanų kanojos 72
27. Česnakinės krevetės 75
28. Marinuotos krevetės ant grotelių 78
29. Teksaso krevetės 81
30. Havajų krevečių iešmai 84
31. Ant grotelių keptos medaus-čiobrelių krevetės 86
32. Skrudinto česnako marinatas 89
33. Aštrios ir aštrios krevetės 91
34. Itališkos keptos krevetės 94
35. Krevetės su saldžiais Jamaikos ryžiais 96
36. Keptos krevetės su citrina-česnaku 98
37. Kalkių pipirų krevetės 100
38. Luizianos krevečių esplanada 102
39. Malibu Smird Fry krevetės 104
40. Keptos krevetės 107
41. Tikrai šaunios krevečių salotos 110
42. M-80 uolinės krevetės 112
43. Miesto tostas 116
44. Krevetės a la Plancha virš šafrano Allioli skrebučiais ...119
45. Krevečių karis su garstyčiomis 123
46. Krevetės karis 125
47. Krevetės česnakų padaže 128
48. Krevetės garstyčių grietinėlės padaže 131
49. Gazpacho 133
50. Krevetės Linguine Alfredo 136
51. Krevetės Marinara 138
52. Krevetės Niuburgas 140
53. Aštrios marinuotos krevetės 142
54. Aštrios Singapūro krevetės 145
55. Starlight krevetės 148

AŠTUONKOJAS 150

56.	Aštuonkojai raudoname vyne	151
57.	Marinuotas aštuonkojis	154
58.	Vyne virti aštuonkojai	157
59.	Sicilietiškas aštuonkojis, keptas ant grotelių	159

ŠUKUTĖS 163

60.	Jūros gėrybių puodo pyragas	164
61.	Keptos šukutės su česnakiniu padažu	168
62.	Provanso šukutės	171
63.	Šukutės su baltojo sviesto padažu	174

HADDOCK 177

64.	Juodadėmės menkės su žolelių sviestu	178
65.	Cajun prieskoninis juodadėmės menkės	182
66.	Juodadėmės menkės, porų ir bulvių košė	184
67.	Rūkyta juodadėmė menkė ir pomidorų chutney	186

LAŠIŠA 189

68.	Magiška kepta lašiša	190
69.	Lašiša su granatais ir kvinoja	192
70.	Kepta lašiša ir saldžiosios bulvės	195
71.	Kepta lašiša su juodųjų pupelių padažu	199
72.	Paprika ant grotelių kepta lašiša su špinatais	202
73.	Lašiša Teriyaki su daržovėmis	205
74.	Azijietiška lašiša su makaronais	209
75.	Kepta lašiša pomidorų česnako sultinyje	212
76.	Iškepta lašiša	216
77.	Virta lašiša su žaliąja žolele salsa	218
78.	Šaltai troškintos lašišos salotos	221
79.	Kepta lašiša su lipniais ryžiais	225
80.	Citrusinė lašišos filė	229
81.	Lašišos lazanija	232
82.	Teriyaki lašišos filė	237
83.	Traškios odos lašiša su kaparėlių padažu	240

84.	Lašišos filė su ikrais	243
85.	Antančiuvių kepti lašišos kepsniai	247
86.	BBQ dūmuose kepta lašiša	250
87.	Ant grotelių kepta lašiša ir juodosios pupelės	253
88.	Ant grotelių kepta Aliaskos lašiša	257
89.	Greitai kepta lašiša	260
90.	Ant grotelių keptos lašišos ir kalmarų rašalo makaronai 263	
91.	Lašiša su keptais svogūnais	266
92.	Kedro lentos lašiša	270
93.	Rūkyta česnakinė lašiša	273
94.	Ant grotelių kepta lašiša su šviežiais persikais	276
95.	Rūkyta lašiša ir grietinėlės sūris ant skrebučio	280
96.	Imbiero grilyje keptos lašišos salotos	283
97.	Ant grotelių kepta lašiša su pankolio salotomis	287
98.	Ant grotelių kepta lašiša su bulvėmis ir rėžiukais	290

KARDŽUVĖS 294

99.	Mandarinų sezamo kardžuvė	295
100.	Aštrūs kardžuvės kepsniai	298

IŠVADA 300

ĮVADAS

Gyvenime yra nedaug dalykų, kurių skonis yra toks skanus ir dieviškas ant liežuvio, kaip ką tik iškeptas arba meistriškai paruoštas omaras, krevečių patiekalas ar tuno lėkštė. Jei niekada nepažinojote burnoje tirpstančio krabų ar jūros gėrybių skonio, ši knyga kaip tik jums!

Yra tiek daug skanių būdų, kaip įtraukti jūros gėrybes į savo patiekalų ruošimą. Tai sveikas ir skanus būdas valgyti liesą, sotų baltymų kiekį ir yra Viduržemio jūros dietos pagrindas.

Toliau pateiktuose receptuose yra lašiša, krevetės, šukutės, aštuonkojai ir juodadėmės menkės. Kiekvienas receptas yra gana lengvas ir kupinas neįtikėtino skonio. Kiekvienam yra kažkas, nuo krevetėse keptų ryžių iki pesto lašišos iki puikiai iškeptų šukučių

OMARAS

1. Omarų termidorius su Newburg padažu

Ingridientai
Padažas
- 3 šaukštai sviesto
- 1 puodelis moliuskų sulčių
- 1/4 iki 1/2 puodelio pieno
- 1/2 arbatinio šaukštelio paprikos
- Žiupsnelis druskos
- 3 šaukštai šerio
- 2 šaukštai universalių miltų
- 4 šaukštai šviesios grietinėlės

Omaras
- 5 uncijos omarų mėsos, supjaustytos 1 colio gabalėliais
- 1 valgomasis šaukštas smulkiai pjaustytų pimentų
- 1/2 puodelio storai supjaustytų grybų
- 1 valgomasis šaukštas smulkintų česnakų
- Sviestas troškinimui
- 1 šaukštas šerio

Niuburgo padažas
- 1/2-1 puodelio tarkuoto Čedaro sūrio
- Įkaitinkite orkaitę iki 350 laipsnių F.

Kryptys
a) Ištirpinkite sviestą ant vidutinės silpnos ugnies. Kai visiškai ištirps, suberkite papriką ir maišykite 2 minutes. Į sviestą suberkite miltus ir maišykite 2-3 minutes, kad iškeptų roux. Nuolat maišykite, kad nesudegtų. Supilkite

moliuskų sultis ir maišykite, kol pradės tirštėti. Įpilkite 1/4 puodelio pieno, šviesios grietinėlės ir šerio. Troškinkite 5 minutes ir, jei reikia, įpilkite likusio 1/4 puodelio pieno.

b) Ant vidutinės ugnies ištirpinkite tiek sviesto, kad lengvai apsemtų sunkios, didelės keptuvės dugną. Į keptuvę sudėkite omarą, laiškinius česnakus, pimentus ir grybus ir maišykite 3–4 minutes. Padidinkite ugnį iki didelės ir įpilkite šerio, kad keptuvė nusausintų. Būkite atsargūs, nes cheresas gali užsiliepsnoti, nes sudegs alkoholis.

c) Įmaišykite 4 uncijas Newburg padažo ir maišykite 1 minutę. Supilkite į vienos porcijos troškintuvą ir pabarstykite sūriu. Kepkite apie 5 minutes arba kol sūris išsilydys ir taps burbuliukais.

2. Meino omarų ritinys

Ingridientai
- Keturi 1-1 1/4 svaro omarai
- 1/4 puodelio plius 2 šaukštai majonezo
- Druska ir šviežiai malti pipirai
- 1/4 puodelio smulkiai pjaustytų salierų
- 2 šaukštai šviežių citrinų sulčių
- Žiupsnelis kajeno pipirų
- 4 viršuje perskeltos dešrainių bandelės
- 2 šaukštai nesūdyto sviesto, lydyto
- 1/2 puodelio susmulkintų Bostono salotų

Kryptys

a) Paruoškite didelę ledinio vandens vonią. Labai dideliame puode su verdančiu pasūdytu vandeniu virkite omarus, kol jie taps ryškiai raudoni, maždaug 10 minučių. Žnyplėmis panardinkite omarus į ledo vandens vonią 2 minutėms, tada nusausinkite.

b) Nusukite omarų uodegas ir nagus ir išimkite mėsą. Pašalinkite ir išmeskite žarnyno veną, kuri eina per kiekvieną omaro uodegą. Omaro mėsą supjaustykite 1/2 colio gabalėliais ir nusausinkite, tada perkelkite į sietelį, esantį virš dubens, ir šaldykite, kol labai atvės, mažiausiai 1 valandą.

c) Dideliame dubenyje sumaišykite omaro mėsą su majonezu ir pagardinkite druska bei pipirais. Sulenkite kubeliais pjaustytą salierą, citrinos sultis ir kajeno pipirus, kol gerai susimaišys.

d) Įkaitinkite didelę keptuvę. Dešrainių bandelių šonus aptepkite lydytu sviestu ir paskrudinkite ant vidutinės ugnies iki auksinės rudos spalvos iš abiejų pusių. Dešraines sudėkite į lėkštes, užpildykite susmulkintomis salotomis ir omarų salotomis ir nedelsdami patiekite.

3. Įdarytas omaras Thermidor

Ingridientai

- 6 (1 svaras) šaldytų omarų uodegų
- 10 šaukštų sviesto, lydyto
- 1 puodelis pjaustytų šviežių grybų
- 4 šaukštai miltų
- 1 arbatinis šaukštelis sausų garstyčių
- 2 brūkšniai malto muskato riešuto
- 2 brūkšniai kajeno pipirų
- 1 arbatinis šaukštelis druskos
- 1 puodelis pieno
- 1 puodelis pusantros
- 2 kiaušinių tryniai, šiek tiek paplakti
- 1 arbatinis šaukštelis citrinos sulčių
- 2 šaukštai šerio vyno
- 1/2 puodelio smulkių duonos trupinių
- 2 šaukštai tarkuoto parmezano sūrio

Kryptys

a) Įkaitinkite orkaitę iki 450 laipsnių F.
b) Omarų uodegas sudėkite į didelį puodą su verdančiu vandeniu ir uždenkite. Virkite, kol suminkštės, apie 20 minučių; nusausinti.
c) Kiekvieną uodegą perpjaukite išilgai pusiau ir supjaustykite omaro mėsą. Atidėkite tuščias omarų uodegas.
d) Į puodą supilkite 1/4 puodelio sviesto; suberkite grybus ir patroškinkite, kol šiek tiek apskrus. Suberti miltus ir įmaišyti prieskonius. Palaipsniui į mišinį pilkite pieną ir pusę, nuolat maišydami, kol sutirštės. Nedidelį karšto

mišinio kiekį įpilkite į kiaušinių trynius, nuolat maišydami; tada kiaušinio trynio mišinį grąžinkite į grietinėlės padažą, vėl nuolat maišydami ir virkite, kol sutirštės. Įmaišykite citrinos sultis, cheresą ir omarų mėsą; šaukštą į omarų lukštus. Sumaišykite duonos trupinius, parmezano sūrį ir likusį sviestą; pabarstykite įdarytas omarų uodegas. Padėkite ant sausainių skardos ir kepkite 400 laipsnių F temperatūroje 15 minučių.

Tarnauja 6.

4. Omaras su vanile

Ingridientai
- Gyvas 1 1/2 svaro omarų vienam asmeniui
- 1 svogūnas
- 1 skiltelė česnako
- Pomidorai, nulupti ir smulkiai supjaustyti
- Šiek tiek vyno arba žuvies sultinio
- Sviestas
- Šerio
- Vanilės ekstraktas
- Kajano pipirai

Kryptys

a) Omarą perpjaukite per pusę. Nulaužkite nagus ir per sąnarius perpjaukite uodegą. Sunkioje keptuvėje ištirpinkite gabalėlį sviesto, švelniai pakepinkite svogūną ir česnaką. Sudėkite omarų gabalėlius ir kepkite, kol jie taps raudoni, prieš iškeldami į šiltą vietą.

b) Dabar padidinkite ugnį ir sudėkite likusius ingredientus, išskyrus vanilę, sviestą ir kajeną. Pomidorus sumažinkite iki burbuliuojančios košės, tada sumažinkite ugnį ir gabalėliais sudėkite sviestą ir maišykite, kad padažas neatsiskirtų.

c) Galiausiai įdėkite pusę arbatinio šaukštelio vanilės ir kokteilį kajeno. Padažą užpilkite ant omaro ir patiekite su ryžiais.

KREVETĖS

5. Aštrios ant grotelių keptos krevetės

Tarnauja 6

Ingridientai

- 1/3 puodelio alyvuogių aliejaus
- 1/4 puodelio sezamo aliejaus
- 1/4 puodelio kapotų šviežių petražolių
- 3 šaukštai aštraus Chipotle BBQ padažo
- 1 valgomasis šaukštas malto česnako
- 1 valgomasis šaukštas azijietiško čilės padažo 1 arbatinis šaukštelis druskos
- 1 arbatinis šaukštelis juodųjų pipirų
- 3 šaukštai citrinos sulčių
- 2 svarai. didelės krevetės, nuluptos ir išvalytos
- 12 medinių iešmelių, pamirkytų vandenyje
- Trynimas

Kryptys

a) Dubenyje suplakite alyvuogių aliejų, sezamo aliejų, petražoles, aštrųjį Chipotle BBQ padažą, smulkintą česnaką, čili padažą, druską, pipirus ir citrinos sultis. Maždaug 1/3 šio marinato atidėkite, kad galėtumėte naudoti kepdami ant grotelių.

b) Įdėkite krevetes į didelį, pakartotinai uždaromą plastikinį maišelį. Supilkite likusį marinatą ir uždarykite maišelį. Šaldykite 2 valandas. Įkaitinkite „Good-One®" kepsninę, kad padidintumėte karštį. Suverkite krevetes ant iešmelių, vieną kartą pradurkite prie uodegos ir vieną kartą prie galvos. Išmeskite marinatą.

c) Lengvai aliejaus grilio grotelės. Kepkite krevetes 2 minutes iš kiekvienos pusės, kol jos taps nepermatomos, dažnai aptepkite marinatu

6. Ant grotelių keptos žolelių krevetės

Tarnauja 4

Ingridientai

- 2 svarai. nuluptos ir nuluptos krevetės ¾ puodelio alyvuogių aliejaus
- 2 šaukštai šviežiai spaustų citrinos sulčių 2 puodeliai susmulkinto šviežio baziliko
- 2 česnako skiltelės, susmulkintos
- 1 valgomasis šaukštas kapotų petražolių 1 arbatinis šaukštelis druskos
- ½ arbatinio šaukštelio raudonėlio
- ½ arbatinio šaukštelio šviežiai maltų juodųjų pipirų

Kryptys

a) Krevetes padėkite vienu sluoksniu į negilų stiklinį arba keraminį indą.
b) Virtuvės kombainu sumaišykite alyvuogių aliejų su citrinos sultimis.
c) Uždenkite ir šaldykite 2 valandas. Marinavimo metu krevetes išmaišykite 4-5 kartus.
d) Paruoškite grilį.
e) Kepimo groteles lengvai aliejumi.

f) Padėkite krevetes ant aliejumi išteptos grotelės (jei norite, galite smeigti) ant karštų anglių ir kepkite ant grotelių 3-5 minutes iš kiekvienos pusės, kol šiek tiek apdegs ir iškeps. Neperkepkite.
g) Patiekite iš karto.

7. Krevetės ir brochette

4 porcijos (užkandžių porcijos)

Ingridientai

- ½ šaukšto karšto padažo
- 1 šaukštas Dižono stiliaus garstyčių 3 šaukštai alaus
- ½ svaro didelių krevečių, nuluptų ir nuskustų
- 3 griežinėliai šoninės, supjaustyti išilgai į 12 juostelių
- 2 šaukštai šviesiai rudojo cukraus

Kryptys

a) Maišymo dubenyje sumaišykite karštą padažą, garstyčias ir alų.
b) Sudėkite krevetes ir išmaišykite, kad tolygiai pasidengtų. Šaldykite mažiausiai 2 valandas. Nusausinkite ir palikite marinatą. Kiekvieną krevetę apvyniokite šoninės juostele.
c) Ant 4 dvigubų iešmelių suverkite 3 krevetes. Sudėkite brošetes į negilų dubenį ir supilkite rezervuotą marinatą. Krevetes pabarstykite cukrumi. Šaldykite bent 1 val
d) Paruoškite „Good-One" kepsninę. Ant grotelių dėkite brošetes, užpilkite marinatu ir uždarykite dangtį. Virkite 4 minutes, tada

apverskite, uždarykite dangtį ir virkite 4 minutes.
e) Patiekite iš karto

8. Krevečių pakeliai

Ingridientai

- 4 svarai. Didelės krevetės
- 1 puodelis sviesto arba margarino
- 1 didelė česnako skiltelė, malta
- 1/2 arbatinio šaukštelio juodųjų pipirų
- 1 arbatinis šaukštelis druskos
- 1 puodelis petražolių, maltų

Kryptys

a) Nulupkite ir nuvalykite krevetes
b) Grietinėlės sviestas; į sviestą sudėkite likusius ingredientus ir gerai išmaišykite. Iškirpkite 6 (9 colių) juosteles iš tvirtos aliuminio folijos. Tada kiekvieną juostelę perpjaukite per pusę. Krevetes po lygiai paskirstykite ant kiekvienos folijos gabalėlio. Ant kiekvienos viršaus užtepkite 1/12 sviesto mišinio, krevetes padėkite folija; sandariai pasukite, kad užsandarintumėte. Ant žarijų dėkite krevečių pakelius. Virkite 5 minutes.

Padaro 12 pakelių

9. Baziliko krevetės

Ingridientai

- 2 1/2 šaukštai alyvuogių aliejaus
- 1/4 puodelio sviesto, lydyto
- 1/2 citrinos, išspaustos sultys
- šaukštai stambiagrūdžių paruoštų garstyčių
- uncijų malto šviežio baziliko
- česnako skiltelės, susmulkintos
- druskos pagal skonį
- 1 žiupsnelis baltųjų pipirų
- 3 svarai šviežių krevečių, nuluptų ir nuluptų

Kryptys

a) Sekliame, neakytoje inde ar dubenyje sumaišykite alyvuogių aliejų ir lydytą sviestą. Tada įmaišykite citrinos sultis, garstyčias, bazilikus ir česnaką, pagardinkite druska ir baltais pipirais. Įdėkite krevetes ir išmeskite, kad padengtumėte. Uždenkite ir padėkite į šaldytuvą arba šaldytuvą 1 valandai. Įkaitinkite grilį iki stiprios ugnies.

b) Išimkite krevetes iš marinato ir susukite ant iešmelių. Lengvai sutarkuokite aliejumi ir ant grotelių išdėliokite iešmelius. Virkite 4 minutes, vieną kartą apversdami, kol iškeps.

10. Ant grotelių keptos šoninėje apvyniotos krevetės

Ingridientai

- 1 svaras didelių krevečių
- šoninės griežinėliai, supjaustyti 1/2
- pipirinis sūris

Kryptys

a) Nuplaukite, nulupkite ir nulupkite krevetes. Nupjaukite kiekvienos krevetės nugarą. Į plyšelį įdėkite nedidelį riekelę sūrio ir apvyniokite šoninės gabalėliu. Norėdami laikyti kartu, naudokite dantų krapštuką.

b) Kepkite ant grotelių, kol šoninė šiek tiek apskrus. Tai skanu ir lengva!

11. Ant grotelių keptos krevetės

Ingridientai

- 1 svaras vidutinio dydžio krevetės
- 3-4 šaukštai alyvuogių aliejaus
- 2 šaukštai "Old Bay prieskonių"

Kryptys

a) Nulupkite ir nulupkite krevetes, palikite ant uodegų. Sudėkite visus ingredientus į užsegamą maišelį ir gerai suplakite. Tai gali marinuoti 5 minutes ar kelias valandas.

b) Sudėkite krevetes ant „grilio keptuvės" (su skylutėmis, kad krevetės nepakliūtų tarp grotelių ant grotelių) ir kelias minutes kepkite vidutiniškai aukštai. Labai aštrus

Tarnauja 2

12. Alabamos krevečių kepimas

Ingridientai

- 1 puodelis sviesto arba margarino, ištirpinto
- 3/4 puodelio citrinos sulčių
- 3/4 puodelio Worcestershire padažo
- 1 valgomasis šaukštas druskos
- 1 valgomasis šaukštas stambiai maltų pipirų
- 1 arbatinis šaukštelis džiovintų rozmarinų
- 1/8 arbatinio šaukštelio maltų raudonųjų pipirų
- 1 valgomasis šaukštas karšto padažo
- 3 česnako skiltelės, susmulkintos
- 2 1/2 svaro neluptų didelių arba didelių krevečių
- 2 citrinos, plonais griežinėliais
- 1 vidutinio dydžio svogūnas, plonais griežinėliais
- Šviežios rozmarino šakelės

Kryptys

a) Sumaišykite pirmuosius 9 ingredientus mažame dubenyje; atidėti.
b) Nuplaukite krevetes šaltu vandeniu; gerai nusausinkite. Sudėkite krevetes, citrinos griežinėlius ir svogūno griežinėlius į neteptą 13 x 9 x 2 colių kepimo indą. Supilkite sviesto mišinį ant krevečių. Kepkite neuždengtas 400 laipsnių F temperatūroje 20–25 minutes arba tol, kol krevetės pasidarys rausvos, retkarčiais

apliejant keptuvės sultimis. Papuoškite šviežiomis rozmarino šakelėmis.

13. Beveik krevetės Paesano

Ingridientai

- Krevetės
- 1 kiaušinis
- 1 puodelis pieno
- Druska ir pipirai pagal skonį
- 1 svaras itin didelių krevečių, nuluptų ir nuluptų, paliktos uodegos
- 1/2 puodelio universalių miltų
- Daržovių aliejus

Kryptys

a) Sekliame dubenyje sumaišykite kiaušinius, pieną, druską ir pipirus. Į mišinį pamerkite krevetes, tada lengvai pamerkite į miltus.

b) Keptuvėje įkaitinkite aliejų, kol įkais, tada po 4-6 sudėkite krevetes, kad krevetėms būtų pakankamai vietos virti. (Svarbu, kad krevetės nebūtų šalia viena kitos ir nesiliestų.) Vienoje pusėje jas apkepkite, tada apverskite ir apkepkite kitą. Kepkite, kol baigsite, arba padėkite ant kepimo skardos į įkaitintą 350 laipsnių F orkaitę, kad baigtumėte kepti. Tuo tarpu paruoškite padažą.

14. Pupelių ir krevečių risotto

Ingridientai

- 1 ½ stiklinės svogūno, supjaustyto
- 1 svaras nuluptų krevečių
- 4 skiltelės česnako, susmulkintos
- 1 puodelis žirnių
- 1 TBS alyvuogių aliejaus
- 1 skardinė pupelių arba ½ puodelio virtų
- 3-4 uncijos. grybai, supjaustyti
- sausos pakuotės pupelės, nuplautos,
- 1 ½ puodelio Arborio ryžių, nusausintų
- 3 skardinės be riebalų sumažinto natrio vištienos sultinio
- 1 vidutinio dydžio pomidoras, supjaustytas
- puodelio parmezano arba Asiago sūrio
- druskos ir pipirų pagal skonį

Kryptys

a) Pakepinkite svogūną, česnaką ir grybus aliejuje dideliame puode, kol suminkštės, 5-8 minutes.
b) Įmaišykite ryžius ir virkite 2-3 minutes.
c) Vidutiniame puode pašildykite sultinį iki virimo; sumažinkite šilumą iki minimumo. Į ryžius įpilkite 1 puodelį sultinio ir virkite, nuolat maišydami, kol sultinys susigers, 1-2 minutes. Lėtai įpilkite 2 puodelius sultinio ir virkite maišydami, kol sultinys susigers.

d) Į puodą supilkite krevetes, žirnelius ir likusį sultinį. Virkite, dažnai maišydami, kol ryžiai suminkštės ir susigers skystis, 5–10 minučių.
e) Sudėkite pupeles ir pomidorus; virkite 2–3 minutes ilgiau. Įmaišykite sūrį; pagal skonį pagardinkite druska ir pipirais.

15. Aluje keptos krevetės

Ingridientai

- 3/4 puodelio alaus
- 3 šaukštai augalinio aliejaus
- 2 šaukštai pjaustytų petražolių
- 4 arbatiniai šaukšteliai Worcestershire padažo
- 1 skiltelė česnako, susmulkinta
- 1/2 arbatinio šaukštelio druskos
- 1/8 arbatinio šaukštelio pipirų
- 2 svarai didelių krevečių, be lukštų

Kryptys

a) Sumaišykite aliejų, petražoles, Vusterio padažą, česnaką, druską ir pipirus. Pridėti krevečių; maišykite. Viršelis; palikite pastovėti kambario temperatūroje 1 valandą.

b) Nusausinkite, palikite marinatą. Sudėkite krevetes ant gerai išteptos broilerių lentynos; kepkite 4-5 colius nuo ugnies 4 minutes. Pasukti; aptepti marinatu. Kepkite dar 2-4 minutes arba iki ryškiai rausvos spalvos.

Padaro 6 porcijas

16. Virtos Persijos įlankos krevetės

Ingridientai

- 1 galonas vandens
- 3 uncijos krabų mėsos
- 2 citrinos, supjaustytos
- 6 pipirų žirneliai
- 2 lauro lapai
- 5 svarai žalių krevečių lukšte

Kryptys

a) Užvirinkite vandenį, pagardintą krabų virimu, citrinomis, pipirų žirneliais ir lauro lapais. Supilkite krevetes.

b) Kai vanduo vėl užvirs, kepkite dideles arba dideles krevetes 12–13 minučių, o vidutines – 7–8 minutes. Nukelkite nuo ugnies ir įpilkite 1 litrą ledinio vandens. Leiskite sėdėti 10 minučių. Nusausinkite.

17. Remoulade padažas

Ingridientai

- 1/2 šaukšto kreolinių garstyčių ar daugiau
- 2 šaukštai tarkuoto svogūno
- 1 litras majonezo
- 1/4 puodelio krienų ar daugiau
- 1/2 puodelio kapotų laiškinių česnakų
- 1/4 arbatinio šaukštelio druskos
- 1 valgomasis šaukštas citrinos sulčių
- 1/4 arbatinio šaukštelio pipirų

Kryptys

a) Sumaišykite visus ingredientus. Patiekite ant šaltų virtų krevečių pagrindiniam krevečių rémoulade patiekalui arba naudokite kaip virtų krevečių panardinimą. Padažas geriausiai tinka po 24 valandų.

b) Pagamina 2 1/4 puodelių padažo.

18. Kalifornijos Scampi

Ingridientai

- 1 svaras sviesto, skaidraus
- 1 valgomasis šaukštas malto česnako
- 1 arbatinis šaukštelis druskos
- 1 arbatinis šaukštelis pipirų
- 1 1/2 svaro didelių krevečių, išlukštentų ir be gyslų

Kryptys

a) Didelėje keptuvėje įkaitinkite 3 šaukštus skaidraus sviesto. Suberkite česnaką ir patroškinkite. Įpilkite druskos, pipirų ir krevečių, kurios, jei pageidaujate, gali būti susmulkintos. Troškinkite, kol krevetės pasikeis spalva ir suminkštės. Sudėkite likusį sviestą ir pakaitinkite. Išdėliokite krevetes į lėkštes ir užpilkite karštu sviestu.
b) Padaro nuo 4 iki 6 porcijų

19. Šampano krevetės ir makaronai

Ingridientai

- 8 uncijos angelo plaukų makaronai
- 1 valgomasis šaukštas aukščiausios kokybės pirmojo spaudimo alyvuogių aliejaus
- 1 puodelis pjaustytų šviežių grybų
- 1 svaras vidutinių krevečių, nuluptų ir nuluptų
- 1-1/2 puodelio šampano
- 1/4 arbatinio šaukštelio druskos
- 2 šaukštai maltų askaloninių česnakų
- 2 slyviniai pomidorai, supjaustyti kubeliais
- 1 puodelis riebios grietinėlės
- druskos ir pipirų pagal skonį
- 3 šaukštai kapotų šviežių petražolių
- šviežiai tarkuoto parmezano sūrio

Kryptys

a) Didelį puodą lengvai pasūdyto vandens užvirinkite. Virkite makaronus verdančiame vandenyje 6–8 minutes arba iki al dente; nusausinti. Tuo tarpu didelėje keptuvėje ant vidutinės ugnies įkaitinkite aliejų. Kepkite ir išmaišykite grybus aliejuje, kol suminkštės. Išimkite grybus iš keptuvės ir atidėkite.

b) Keptuvėje sumaišykite krevetes, šampaną ir druską ir virkite ant stiprios ugnies. Kai skystis tik pradeda virti, išimkite krevetes iš keptuvės.

Į šampaną įpilkite askaloninių česnakų ir pomidorų; virkite, kol skystis sumažės iki 1/2 puodelio, apie 8 minutes. Įmaišykite 3/4 puodelio grietinėlės; virkite, kol šiek tiek sutirštės, apie 1-2 minutes. Į padažą sudėkite krevetes ir grybus ir pakaitinkite.

c) Pagardinkite prieskonius pagal skonį. Sumaišykite karštus, virtus makaronus su likusia 1/4 puodelio grietinėlės ir petražolėmis. Patiekdami uždėkite krevečių su padažu ant makaronų, o ant viršaus uždėkite parmezano sūrio.

20. Kokoso krevetės su Jalapeño želė

Ingridientai

- 3 puodeliai susmulkinto kokoso
- 12 (16-20 arba 26-30) krevečių, nuluptų ir nuluptų
- 1 puodelis miltų
- 2 kiaušiniai, sumušti
- Daržovių aliejus

Kryptys

a) Lengvai paskrudinkite kokosą ant sausainių lakšto 350 laipsnių F orkaitėje 8-10 minučių.
b) Nupjaukite kiekvieną krevetę išilgai per vidurį, perpjaudami tris ketvirtadalius. Krevetes apvoliokite miltuose, o tada pamirkykite kiaušinyje. Susmulkintą kokosą įspauskite į krevetes ir kepkite 350 laipsnių F augaliniame aliejuje iki auksinės rudos spalvos.
c) Patiekite su Jalapeño Jelly.

21. Kokoso tempura krevetės

Ingridientai

- 2/3 stiklinės miltų
- 1/2 puodelio kukurūzų krakmolo
- 1 didelis kiaušinis, sumuštas
- 1 puodelis tarkuoto šviežio kokoso
- 1 puodelis ledinio šalto sodos vandens
- Druska
- 1 svaras didelių krevečių, nuluptų, nuluptų ir su uodega
- Kreolų prieskoniai
- 1 indelis mangų čatnio
- 1 gyslotis
- 1 valgomasis šaukštas kalendros, smulkiai pjaustytos

Kryptys

a) Įkaitinkite keptuvę.
b) Vidutinio dydžio maišymo dubenyje sumaišykite miltus, kukurūzų krakmolą, kiaušinį, kokosą ir sodos vandenį. Gerai išmaišykite, kad gautumėte vientisą tešlą. Pagardinkite druska. Krevetes pagardinkite kreolų prieskoniais. Laikydami už krevetės uodegos, panardinkite į tešlą, visiškai uždenkite ir nukratykite perteklių. Kepkite krevetes partijomis iki auksinės rudos spalvos, maždaug 4-6 minutes.

Išimkite ir nusausinkite ant popierinių rankšluosčių. Pagardinkite kreoliniais prieskoniais.

c) Nulupkite gysločius. Gysločius supjaustykite plonai, išilgai. Kepkite juos iki auksinės rudos spalvos. Išimkite ir nusausinkite ant popierinių rankšluosčių. Pagardinkite kreoliniais prieskoniais.
d) Kiekvienos lėkštės centre supilkite šiek tiek mangų čatnio. Išdėliokite krevetes aplink čatnį. Papuoškite keptais gysločiais ir kalendra.

22. Ragelės su krevetėmis ir raudonėliais

Ingridientai

- 6 kukurūzų ausys
- 1 arbatinis šaukštelis druskos
- 1/4 arbatinio šaukštelio baltųjų pipirų
- 1 valgomasis šaukštas susmulkinto šviežio meksikietiško raudonėlio arba
- 1 arbatinis šaukštelis džiovinto meksikietiško raudonėlio
- 12 vidutinių krevečių
- 24 Popsicle lazdelės

Kryptys

a) Nulupkite, nulupkite ir supjaustykite krevetes. Nupjaukite kukurūzus ir pašalinkite lukštus bei šilką. Išsaugokite ir nuplaukite didesnius lukštus. Nupjaukite kukurūzų branduolius iš burbuolės, išbraukite kuo daugiau pieno. Branduolius sumalkite mėsmale su aštriais ašmenimis. Įpilkite druskos, baltųjų pipirų, raudonėlio ir krevečių. Gerai ismaisyti.

b) Įkaitinkite orkaitę iki 325 laipsnių F.

c) Nuleiskite šaukštą kukurūzų mišinio ant švaraus lukšto centro. Sulenkite kairę lukšto pusę į centrą, tada dešinę, o tada sulenkite apatinį galą į viršų. Įstumkite Popsicle lazdelę 2-3 colių atstumu į atvirą galą ir pirštais suimkite lukštą aplink lazdelę. Nuplėškite ploną sruogelę nuo sauso lukšto ir suriškite aplink žievę. Į stiklinę kepimo indą arba kepimo skardą sudėkite į orą ir labai arti vienas kito suktinukus, pagaliukus. Kepkite 30 minučių, kol kukurūzų mišinys taps tvirtas ir vientisas.

d) Norėdami suvalgyti kukurūzų griežinėlį, nulupkite kukurūzų lukštą ir valgykite karštą nuo pagaliuko, kaip darytumėte popsicle.

23. Kreminės Pesto krevetės

Ingridientai

- 1 svaras linguine makaronų
- 1/2 puodelio sviesto
- 2 puodeliai riebios grietinėlės
- 1/2 arbatinio šaukštelio maltų juodųjų pipirų
- 1 puodelis tarkuoto parmezano sūrio
- 1/3 puodelio pesto
- 1 svaras didelių krevečių, nuluptų ir nuskustų

Kryptys

Didelį puodą lengvai pasūdyto vandens užvirinkite. Sudėkite linguine makaronus ir virkite 8-10 minučių arba iki al dente; nusausinti. Didelėje keptuvėje ištirpinkite

sviesto ant vidutinės ugnies. Įmaišykite grietinėlę, pagardinkite pipirais. Virkite 6-8 minutes, nuolat maišydami. Parmezano sūrį įmaišykite į grietinėlės padažą, maišykite, kol gerai susimaišys. Įmaišykite pesto ir virkite 3-5 minutes, kol sutirštės. Įmaišykite krevetes ir virkite, kol jos taps rausvos spalvos, maždaug 5 minutes. Patiekite ant karšto lingvino.

24. Delta krevetės

Ingridientai

- 2 litrai vandens
- 1/2 didelės citrinos, supjaustytos griežinėliais
- 2 1/2 svaro neluptų didelių šviežių krevečių
- 1 puodelis augalinio aliejaus
- 2 šaukštai karšto padažo
- 1 1/2 arbatinio šaukštelio alyvuogių aliejaus
- 1 1/2 arbatinio šaukštelio malto česnako
- 1 arbatinis šaukštelis maltų šviežių petražolių
- 3/4 arbatinio šaukštelio druskos
- 3/4 arbatinio šaukštelio Old Bay prieskonių
- 3/4 arbatinio šaukštelio džiovinto viso baziliko
- 3/4 arbatinio šaukštelio džiovinto sveiko raudonėlio
- 3/4 arbatinio šaukštelio džiovintų nesmulkintų čiobrelių
- Lapinės salotos

Kryptys

a) Vandenį ir citriną užvirinkite; sudėkite krevetes ir virkite 3–5 minutes. Gerai nusausinkite; nuplaukite šaltu vandeniu. Nulupkite ir nulupkite krevetes, palikdami nepažeistas uodegas. Sudėkite krevetes į didelį dubenį.

b) Sumaišykite aliejų ir kitus 9 ingredientus; išmaišykite vieliniu plaktuvu. Užpilti ant krevečių. Išmeskite, kad padengtumėte krevetes.

25. Krevetės

Ingridientai

- 3 skardinės grietinėlės krevečių sriubos
- 1 1/2 arbatinio šaukštelio kario miltelių
- 3 stiklinės grietinės
- 1 1/2 svaro krevečių, virtų ir nuluptų

Kryptys
a) Sumaišykite visus ingredientus ir kaitinkite dvigubo katilo viršuje.
b) Patiekite ant ryžių arba pyragėlių lukštuose.

26. Baklažanų kanojos

Ingridientai

- 4 vidutiniai baklažanai
- 1 puodelis svogūnų, pjaustytų
- 1 puodelis žalių svogūnų, supjaustytų
- 4 skiltelės česnako, susmulkintos
- 1 puodelis paprikos, susmulkintos
- 1/2 puodelio salierų, pjaustytų
- 2 lauro lapai
- 1 arbatinis šaukštelis čiobrelių
- 4 arbatiniai šaukšteliai druskos
- 1 arbatinis šaukštelis juodųjų pipirų
- 4 šaukštai šoninės riebalų
- 1 1/2 svaro žalių krevečių, nuluptų
- 1/2 puodelio (1 lazdelė) sviesto
- 1 valgomasis šaukštas Worcestershire padažo
- 1 arbatinis šaukštelis karšto Luizianos padažo
- 1 puodelis pagardintų itališkų duonos trupinių
- 2 kiaušiniai, sumušti
- 1/2 puodelio petražolių, kapotų
- 1 svaras gabalėlių krabų mėsos
- 3 šaukštai citrinos sulčių
- 8 šaukštai Romano sūrio, tarkuoto
- 1 puodelis aštraus Čedaro sūrio, tarkuoto

Kryptys

a) Baklažanus perpjaukite išilgai pusiau ir virkite pasūdytame vandenyje apie 10 minučių arba kol suminkštės. Išskobkite vidų ir smulkiai supjaustykite. Baklažanų lukštus sudėkite į negilią kepimo indą. Kepkite svogūnus, žaliuosius svogūnus, česnaką, papriką, salierą, lauro lapus, čiobrelius, druską ir pipirus šoninės riebaluose apie 15–20 minučių. Suberkite susmulkintus baklažanus ir uždengę troškinkite apie 30 min.
b) Atskiroje keptuvėje pakepinkite krevetes svieste, kol jos taps rausvos, maždaug 2 minutes, tada supilkite į baklažanų mišinį. Į baklažanų mišinį įpilkite Worcestershire padažo, karšto padažo, duonos trupinių ir kiaušinių. Įmaišykite petražoles ir citrinos sultis. Pridėti sūrio. Švelniai įmaišykite krabų mėsą. Užpildykite baklažanų lukštus mišiniu. Kepkite neuždengtą 350 laipsnių F temperatūroje, kol įkais ir paruduos, apie 30 minučių.

Išeiga 8 porcijos

27. Česnakinės krevetės

Ingridientai

- 2 šaukštai alyvuogių aliejaus
- 4 skiltelės česnako, smulkiai supjaustytos
- 1 valgomasis šaukštas maltų raudonųjų pipirų
- 1 svaras krevečių
- druskos ir pipirų, pagal skonį

Kryptys

a) Keptuvėje ant vidutinės ugnies įkaitinkite alyvuogių aliejų. Įpilkite česnako ir raudonųjų pipirų. Troškinkite, kol česnakas apskrus, dažnai maišydami, kad česnakas nesudegtų.

b) Išmeskite krevetes į aliejų (būkite atsargūs, kad aliejus neaptaškytų jūsų). Kepkite po 2 minutes iš kiekvienos pusės, kol taps rausva.

c) Įberkite druskos ir pipirų. Virkite dar minutę prieš nukeldami nuo ugnies. Patiekite su batono griežinėliais (tapas stiliaus) arba su makaronais.

d) Jei mėtote makaronus: pradėkite dideliame puode. Virkite krevetes pagal instrukcijas, gamindami makaronus atskirame puode (greičiausiai makaronus pradėsite prieš krevetes, nes krevetės užtrunka tik 5-7 minutes). Nusausindami makaronus palikite šiek tiek makaronų vandens.

e) Kai krevetės baigs, išvirtus makaronus supilkite į puodą su krevetėmis ir gerai išmaišykite, aptepdami makaronus česnaku ir raudonaisiais pipirais užpiltu aliejumi. Įpilkite rezervuoto makaronų vandens, jei reikia, šaukštais.

f) Ant viršaus pabarstykite kapotomis petražolėmis.

28. Marinuotos krevetės ant grotelių

Ingridientai

- 1 puodelis alyvuogių aliejaus
- 1/4 puodelio kapotų šviežių petražolių
- 1 citrina, išspausta sultimis
- 2 šaukštai aitriųjų paprikų padažo
- 3 skiltelės česnako, susmulkintos
- 1 valgomasis šaukštas pomidorų pastos
- 2 arbatiniai šaukšteliai džiovinto raudonėlio
- 1 arbatinis šaukštelis druskos
- 1 arbatinis šaukštelis maltų juodųjų pipirų
- 2 svarai didelės krevetės, nuluptos ir nuluptos su pritvirtintomis uodegomis
- Iešmeliai

Kryptys

a) Maišymo dubenyje sumaišykite alyvuogių aliejų, petražoles, citrinos sultis, aštrų padažą, česnaką, pomidorų pastą, raudonėlį, druską ir juoduosius pipirus. Pasilikite nedidelį kiekį, kad vėliau galėtumėte pabarstyti. Likusį marinatą supilkite į didelį plastikinį maišelį su krevetėmis. Uždarykite ir marinuokite šaldytuve 2 valandas.

b) Įkaitinkite grilį vidutinei-žemai kaitrai. Suverkite krevetes ant iešmelių, vieną kartą pradurdami prie uodegos ir vieną kartą prie galvos. Išmeskite marinatą.

c) Lengvai aliejaus grilio grotelės. Kepkite krevetes 5 minutes iš kiekvienos pusės arba tol, kol jos taps nepermatomos, dažnai aptepdamos rezervuotu marinatu.

29. Teksaso krevetės

Ingridientai

- 1/4 puodelio augalinio aliejaus
- 1/4 puodelio tekilos
- 1/4 puodelio raudonojo vyno acto
- 2 šaukštai meksikietiškų žaliųjų citrinų sulčių
- 1 valgomasis šaukštas maltų raudonųjų čili
- 1/2 arbatinio šaukštelio druskos
- 2 skiltelės česnako, smulkiai supjaustytos
- 1 raudona paprika, smulkiai pjaustyta
- 24 didelės žalios krevetės, nuluptos ir išvalytos

Kryptys

a) Sumaišykite visus ingredientus, išskyrus krevetes, negiliame stikliniame arba plastikiniame inde. Įmaišykite krevetes. Uždenkite ir šaldykite 1 valandą.

b) Išimkite krevetes iš marinato, palikite marinatą. Ant kiekvienos iš šešių (8 colių) metalinių iešmelių suverkite po 4 krevetes. Kepkite ant vidutinių žarijų, vieną kartą apversdami iki rausvos spalvos, 2–3 minutes iš kiekvienos pusės.

c) Pakaitinkite marinatą iki virimo nereaguojančiame puode. Sumažinkite šilumą iki žemos. Troškinkite neuždengtą, kol paprika suminkštės, maždaug 5 minutes. Patiekite su krevetėmis.

30. Havajų krevečių iešmai

Ingridientai

- 1/2 svaro krevečių, nuluptų, nuluptų ir nevirtų
  1/2 svaro įlankos arba jūros šukučių 1 skardinės ananaso gabaliukai sultyse
- 1 žalia paprika, supjaustyta griežinėliais
- šoninės griežinėliai

Padažas:

- 6 uncijos barbekiu padažas
- 16 uncijų salsos
- 2 šaukštai ananasų sulčių
- 2 šaukštai baltojo vyno

Kryptys

a) Sumaišykite padažo ingredientus iki vientisos masės. Susmulkinkite ananaso gabalėlius, krevetes, šukutes, paprikos skilteles ir sulankstytus šoninės griežinėlius.

b) Iš abiejų pusių tolygiai aptepkite iešmelį ir kepkite ant grotelių. Kepkite, kol krevetės įgaus rausvą spalvą. Patiekite su ryžiais.

31. Ant grotelių keptos medaus-čiobrelių krevetės

Ingridientai

- Skrudinto česnako marinatas
- 2 svarai šviežių arba šaldytų nevirtų didelių krevečių su lukštais
- 1 vidutinė raudonoji paprika, supjaustyta 1 colio kvadratėliais ir blanširuota
- 1 vidutinė geltona paprika, supjaustyta 1 colio kvadratėliais ir blanširuota
- 1 vidutinis raudonasis svogūnas, supjaustytas ketvirčiais ir supjaustytas gabalėliais

Kryptys

a) Paruoškite skrudintų česnakų marinatą.
b) Nulupkite krevetes. (Jei krevetės sušalusios, neatšildykite; nulupkite šaltame vandenyje.) Padarykite negiliai išilgai pjūvį kiekvienos krevetės gale; išplauti veną.
c) 1/2 puodelio marinato supilkite į mažą uždaromą plastikinį maišelį; uždarykite maišelį ir šaldykite iki patiekimo. Likusį marinatą supilkite į didelį sandarų plastikinį maišelį. Sudėkite krevetes, papriką ir svogūną, apversdami, kad pasidengtų marinatu. Uždarykite maišelį ir šaldykite mažiausiai 2 valandas, bet ne ilgiau kaip 24 valandas.
d) Aptepkite kepsninės groteles augaliniu aliejumi. Įkaitinkite anglį arba dujinį grilį, kad šildytumėte tiesioginį karštį. Išimkite krevetes

ir daržoves iš marinato; gerai nusausinkite. Išmeskite marinatą. Ant šešių 15 colių metalinių iešmelių pakaitomis suverkite krevetes ir daržoves, palikdami tarpą tarp jų.

e) Ant grotelių kepkite 4–6 colius nuo KARŠTOS ugnies 7–10 minučių, vieną kartą apversdami, kol krevetės taps rausvos ir tvirtos. Ant serviravimo dėklo sudėkite kabobus. Iš nedidelio rezervuoto marinato plastikinio maišelio žirklėmis nupjaukite mažą kampelį. Supilkite marinatą ant krevečių ir daržovių.

Išeiga: 6 porcijos.

32. Skrudinto česnako marinatas

Ingridientai

- 1 vidutinio dydžio česnako svogūnėlis
- 1/3 puodelio alyvuogių arba augalinio aliejaus
- 2/3 puodelio apelsinų sulčių
- 1/4 puodelio aštrių medaus garstyčių
- 3 šaukštai medaus
- 3/4 arbatinio šaukštelio džiovintų čiobrelių lapelių, susmulkintų

Kryptys

a) Įkaitinkite orkaitę iki 375 laipsnių F.
b) Nupjaukite trečdalį nenulupto česnako svogūnėlio viršūnės, atidengdami skilteles. Įdėkite česnaką į nedidelę kepimo formą; apšlakstyti aliejumi.
c) Sandariai uždenkite ir kepkite 45 minutes; Saunus. Iš popierinės odelės išspauskite česnako minkštimą. Į trintuvą sudėkite česnaką ir likusius ingredientus.
d) Uždenkite ir dideliu greičiu plakite iki vientisos masės. Padaro apie 1 1/2 puodelio.

33. Aštrios ir aštrios krevetės

Ingridientai

- 1 svaras sviesto
- 1/4 puodelio žemės riešutų aliejaus
- 3 skiltelės česnako, susmulkintos
- 2 šaukštai rozmarino
- 1 arbatinis šaukštelis susmulkinto baziliko
- 1 arbatinis šaukštelis smulkintų čiobrelių
- 1 arbatinis šaukštelis susmulkinto raudonėlio
- 1 nedidelė aitrioji paprika, susmulkinta arba
- 2 šaukštai maltų kajeno pipirų
- 2 arbatiniai šaukšteliai šviežiai maltų juodųjų pipirų
- 2 lauro lapai, susmulkinti
- 1 valgomasis šaukštas paprikos
- 2 arbatinius šaukštelius citrinos sulčių
- 2 svarai žalių krevečių jų lukštuose
- Druska

Kryptys

a) Krevetės turi būti 30–35 svaro dydžio.
b) Ugniai atsparioje kepimo formoje ištirpinkite sviestą ir aliejų. Sudėkite česnaką, žoleles, paprikas, lauro lapus, papriką, citrinos sultis ir užvirinkite. Sumažinkite ugnį ir virkite 10 minučių, dažnai maišydami. Nukelkite indą nuo ugnies ir leiskite skoniams susijungti bent 30 minučių.
c) Šį karštą sviesto padažą galima pasigaminti dieną iš anksto ir laikyti šaldytuve. Įkaitinkite

orkaitę iki 450 laipsnių F. Įkaitinkite padažą, sudėkite krevetes ir kepkite ant vidutinės ugnies, kol krevetės taps rausvos spalvos, tada kepkite orkaitėje dar apie 30 minučių. Paragaukite prieskonių, jei reikia įberkite druskos.

d) Suvalgę krevetes, supilkite sviesto padažą su traškia duona.

34. Itališkos keptos krevetės

Ingridientai
- 2 svarai didžiųjų krevečių
- 1/4 puodelio alyvuogių aliejaus
- 2 šaukštai česnako, susmulkinti
- 1/4 stiklinės miltų
- 1/4 puodelio sviesto, lydyto
- 4 šaukštai petražolių, maltų
- 1 puodelis Drawn Butter padažo

Kryptys

a) Krevetės išlukštenamos, paliekant uodegas. Išdžiovinkite, tada pabarstykite miltais. Į plokščią kepimo formą išmaišykite aliejų ir sviestą; pridėti krevečių. Kepkite ant vidutinės ugnies 8 minutes. Į „Drawn Butter" padažą įpilkite česnako ir petražolių. Užpilti ant krevečių.

b) Maišykite, kol krevetės pasidengs. Kepkite dar 2 minutes.

35. Krevetės su saldžiais Jamaikos ryžiais

Ingridientai
- 1 svaras vidutinių krevečių (51–60), žalios, su kevalais ant „Jerk" prieskonių
- 2 puodeliai karštų virtų ryžių
- 1 (11 uncijų) skardinė mandarinų, nusausintų ir susmulkintų
- 1 (8 uncijos) skardinė susmulkintų ananasų, nusausintų
- 1/2 puodelio kapotų raudonųjų paprikų
- 1/4 puodelio pjaustytų migdolų, skrudintų
- 1/2 puodelio griežinėliais pjaustytų svogūnų
- 2 šaukštai kokoso drožlių, skrudinti
- 1/4 arbatinio šaukštelio malto imbiero

Kryptys
a) Paruoškite marinatą pagal pakuotės instrukcijas, esančias ant jerk prieskonių.
b) Nulupkite ir išpjaukite krevetes, palikdami uodegą. Ruošdami ryžius sudėkite į marinatą.
c) Didelėje keptuvėje sumaišykite visus likusius ingredientus. Virkite ant vidutinės-stiprios ugnies nuolat maišydami 5 minutes arba tol, kol visiškai įkais. Išimkite krevetes iš marinato. Sudėkite į broilerių keptuvę vienu sluoksniu. Kepkite 5–6 colius nuo ugnies 2 minutes.
d) Gerai išmaišykite ir kepkite dar 2 minutes arba tol, kol krevetės taps tik rausvos spalvos.
e) Patiekite su ryžiais.

36. Keptos krevetės su citrina-česnaku

Ingridientai
- 2 svarai vidutinių krevečių, nuluptų ir nuluptų
- 2 skiltelės česnako, perpjautos per pusę
- 1/4 puodelio sviesto arba margarino, ištirpinto
- 1/2 arbatinio šaukštelio druskos
- Stambiai malti pipirai
- 3 lašai karšto padažo
- 1 valgomasis šaukštas Worcestershire padažo
- 5 šaukštai kapotų šviežių petražolių

Kryptys

a) Sudėkite krevetes vienu sluoksniu į 15 x 10 x 1 colio želė ritininį indą; atidėti.

b) Česnaką pakepinkite svieste, kol česnakas paruduos; išimkite ir išmeskite česnaką. Sudėkite likusius ingredientus, išskyrus petražoles, gerai išmaišykite. Supilkite mišinį ant krevečių. Kepkite krevetes 4 colius nuo ugnies 8–10 minučių, vieną kartą pabarstykite. Pabarstykite petražolėmis.

Išeiga 6 porcijos.

37. Kalkių pipirų krevetės

Ingridientai
- 1 svaras didelių krevečių, nuluptų ir nuskustų
- 1 valgomasis šaukštas alyvuogių aliejaus
- 1 valgomasis šaukštas malto šviežio rozmarino
- 1 valgomasis šaukštas maltų šviežių čiobrelių
- 2 arbatinius šaukštelius malto česnako
- 1 arbatinis šaukštelis stambiai maltų juodųjų pipirų
- Žiupsnelis maltų raudonųjų pipirų
- Vieno laimo sultys

Kryptys

a) Vidutiniame dubenyje sumaišykite krevetes, aliejų, žoleles ir paprikas. Gerai išmaišykite, kad pasidengtų krevetės. Leiskite pastovėti kambario temperatūroje 20 minučių.

b) Didelę neprideganẹią keptuvę kaitinkite ant vidutinės ugnies 3 minutes. Įdėkite krevetes vienu sluoksniu. Kepkite 3 minutes iš kiekvienos pusės arba tol, kol krevetės taps rausvos ir iškeps. Neperkepkite. Nukelkite nuo ugnies ir įmaišykite laimo sultis.

38. Luizianos krevečių esplanada

Ingridientai
- 24 didelės šviežios krevetės
- 12 uncijų sviesto
- 1 valgomasis šaukštas trinto česnako
- 2 šaukštai Worcestershire padažo
- 1 arbatinis šaukštelis džiovintų čiobrelių
- 1 arbatinis šaukštelis džiovintų rozmarinų
- 1/2 arbatinio šaukštelio džiovinto raudonėlio
- 1/2 arbatinio šaukštelio maltų raudonųjų pipirų
- 1 arbatinis šaukštelis kajeno pipirų
- 1 arbatinis šaukštelis juodųjų pipirų
- 8 uncijos alaus
- 4 puodeliai virtų baltųjų ryžių
- 1/2 puodelio smulkiai pjaustytų laiškinių svogūnų

Kryptys

a) Nuplaukite krevetes ir palikite lukšte. Didelėje keptuvėje ištirpinkite sviestą ir įmaišykite česnaką, Vusterio padažą ir prieskonius.

b) Sudėkite krevetes ir pakratykite keptuvę, kad krevetės būtų panardintos į sviestą, tada troškinkite ant vidutinės arba stiprios ugnies 4–5 minutes, kol jos taps rausvos spalvos.

c) Tada supilkite alų ir maišykite dar minutę, tada nukelkite nuo ugnies. Krevetes nulupkite ir nulupkite ir išdėliokite ant ryžių guolio. Ant viršaus užpilkite keptuvės sulčių ir papuoškite smulkintu laiškiniu svogūnu.

d) Patiekite iš karto.

39. Malibu Smird Fry krevetės

Ingridientai
- 1 valgomasis šaukštas žemės riešutų aliejaus
- 1 valgomasis šaukštas sviesto
- 1 valgomasis šaukštas malto česnako
- 1 svaras vidutinių krevečių, išlukštentų ir nuluptų
- 1 puodelis pjaustytų grybų
- 1 krūva laiškinių svogūnų, supjaustytų griežinėliais
- 1 raudona saldžioji paprika, išskobta, supjaustyta plonomis 2 colių juostelėmis
- 1 puodelis šviežių arba šaldytų žirnelių
- 1 puodelis Malibu romo
- 1 puodelis riebios grietinėlės
- 1/4 puodelio susmulkinto šviežio baziliko
- 2 arbatiniai šaukšteliai maltos čili pastos
- 1/2 laimo sultys
- Šviežiai malti juodieji pipirai
- 1/2 puodelio susmulkinto kokoso
- 1 svaras fettuccini, virtas

Kryptys
a) Didelėje keptuvėje ant stiprios ugnies įkaitinkite aliejų ir sviestą. Įpilkite česnako 1 minutę. Sudėkite krevetes, kepkite 2 minutes iki rausvos spalvos. Sudėkite daržoves ir pakepinkite 2 minutes.
b) Įpilkite romo ir troškinkite 2 minutes. Įpilkite grietinėlės ir troškinkite 5 minutes. Sudėkite

likusius prieskonius. Apibarstykite kokosu ir virtais makaronais.

40. Keptos krevetės

Ingridientai
- 4 svarai nelupty, dideliy šviežiy krevečių arba 6 svarai krevečių su galvomis
- 1/2 puodelio sviesto
- 1/2 stiklinės alyvuogių aliejaus
- 1/4 puodelio čili padažo
- 1/4 puodelio Worcestershire padažo
- 2 citrinos, supjaustytos
- 4 česnako skiltelės, susmulkintos
- 2 šaukštai kreolų prieskonių
- 2 šaukštai citrinos sulčių
- 1 valgomasis šaukštas kapotų petražolių
- 1 arbatinis šaukštelis paprikos
- 1 arbatinis šaukštelis raudonėlio
- 1 arbatinis šaukštelis maltų raudonųjų pipirų
- 1/2 arbatinio šaukštelio karšto padažo
- prancūziška duona

Kryptys
a) Krevetes paskleiskite negilioje, aliuminio folija išklotoje broilerių keptuvėje.
b) Puode ant silpnos ugnies sumaišykite sviestą ir kitus 12 ingredientų, maišykite, kol sviestas išsilydys, ir užpilkite ant krevečių. Uždenkite ir atvėsinkite 2 valandas, krevetes apversdami kas 30 minučių.
c) Kepkite neuždengtą 400 laipsnių F temperatūroje 20 minučių; pasukti vieną kartą.
d) Patiekite su duona, žaliomis salotomis ir kukurūzų burbuolėmis, kad pavalgytumėte.

41. Tikrai šaunios krevečių salotos

Ingridientai
- 2 svarai. Vidutinės krevetės
- 1 puodelis Miracle whip
- 1/2 puodelio žaliųjų svogūnų
- 1 žalioji paprika
- 1 maža salotų galvutė
- 1 vidutinio dydžio pomidoras
- 1/2 puodelio mocarelos sūrio

Kryptys

a) Krevetes nulupkite, nulupkite ir išvirkite. Susmulkinkite salotas, papriką, pomidorą, žaliuosius svogūnus ir krevetes ir sumaišykite dubenyje... Mocarelos sūrį susmulkinkite ir sudėkite į salotas.

b) Įdėkite stebuklingą plakinį ir gerai išmaišykite.

42. M-80 uolinės krevetės

M-80 padažas

- 1 valgomasis šaukštas kukurūzų krakmolo
- 1 puodelis vandens
- 1 puodelis sojos padažo
- 1 puodelis šviesiai rudojo cukraus
- 1 valgomasis šaukštas sambal čili pastos
- puodelis šviežiai spaustų apelsinų sulčių 1 serano čili, smulkiai supjaustyta
- česnako skiltelės, smulkiai pjaustytos (apie 1 valgomasis šaukštas)
- Vienas dviejų colių gabalas šviežio imbiero, nuskustas/nuluptas ir smulkiai pjaustytas

Slavonas

- žalieji kopūstai, plonais griežinėliais (apie 1½ puodelio)
- raudonojo gūžinio kopūsto, plonais griežinėliais (apie 1½ puodelio)
- vidutinė morka, plonai supjaustyta 2 colių gabalėliais
- vidutinio dydžio raudonieji pipirai, plonais griežinėliais
- vidutinio raudonojo svogūno, plonais griežinėliais
- 1 česnako skiltelė, smulkiai pjaustyta

- 1 Serrano čili, plonais griežinėliais
- baziliko lapeliai, plonais griežinėliais

Krevetės

- Daržovių aliejus
- 2 svarai akmeninių krevečių (arba pakaitalas 16-20 krevečių, supjaustytų mažais kubeliais) 1 puodelis pasukų
- 3 puodeliai universalių miltų
- Juodosios ir baltosios sezamo sėklos
- 1 valgomasis šaukštas žaliųjų svogūnų, plonais griežinėliais
- Cilantro lapai

Kryptys
a) Padarykite M-80 padažą: mažame dubenyje sumaišykite kukurūzų krakmolą ir vandenį. Atidėti.
b) Nedideliame puode sumaišykite sojų padažą, rudąjį cukrų, čili pastą, apelsinų sultis, čili, česnaką ir imbierą ir užvirinkite padažą. Sumažinkite ugnį ir troškinkite 15 minučių. Supilkite kukurūzų krakmolo ir vandens mišinį ir vėl užvirinkite padažą.
c) Pagaminkite salotas: Vidutiniame dubenyje sumaišykite žalius ir raudonuosius kopūstus,

morkas, raudonąją papriką, svogūną, česnaką, čili ir baziliką. Atidėti.

d) Pasigaminkite krevetes: į vidutinį puodą, pastatytą ant stiprios ugnies, įpilkite aliejaus tiek, kad jis pakiltų iki pusės puodo; kaitinkite, kol aliejus pasieks 350° (temperatūrai matuoti naudokite termometrą). Sudėkite akmenines krevetes į didelį dubenį ir užpilkite pasukas.

e) Kiaurasamčiu išimkite krevetes, nusausinkite pasukų perteklių ir atskirame dubenyje suberkite krevetes su miltais. Kepkite krevetes nuo 1 iki 1,5 minutės.

43. Miesto tostas

Ingridientai

- Dvylika 16-20 krevečių, išpjaustytų ir pašalintų lukštus
- Druska ir šviežiai malti juodieji pipirai
- 2 avokadai
- 2 šaukštai laimo sulčių (apie 1 vidutinė laimo), padalinta
- 2 šaukštai smulkiai pjaustytos kalendros
- 2 arbatiniai šaukšteliai smulkiai pjaustytų jalapeño (apie 1 vidutinio dydžio jalapeño)
- 1 greipfrutas
- 1 mažas batonas, supjaustytas ¼ colio griežinėliais Aukščiausios kokybės pirmojo spaudimo alyvuogių aliejus
- Druska ir šviežiai malti juodieji pipirai ¼ puodelio pistacijų, paskrudintų ir susmulkintų

Kryptys

a) Krevetes sudėkite į nedidelę lėkštę ir pagardinkite druska bei pipirais. Avokadą perpjaukite išilgai aplink kauliukus ir išimkite kauliukus. Supjaustykite avokado minkštimą kryžminiu būdu ir šaukštu susmulkinkite avokado minkštimą į vidutinį dubenį. Avokadą sumaišykite su 1½ šaukšto laimo sulčių ir kalendra bei jalapeño.

b) Peiliu pašalinkite odelę ir bet kokį šerdį nuo greipfruto minkštimo ir supjaustykite išilgai membranų, kad pašalintumėte segmentus. Atidėti.

c) Batono riekeles aptepkite alyvuogių aliejumi ir pagardinkite druska bei pipirais. Batono riekeles sudėkite į skrudintuvą ir paskrudinkite iki auksinės rudos spalvos.

d) Vidutinėje keptuvėje ant vidutinės ugnies įkaitinkite $1\frac{1}{2}$ šaukšto alyvuogių aliejaus ir sudėkite krevetes. Kepkite vieną minutę iš vienos pusės, tada apverskite ir kepkite dar 30 sekundžių iš kitos pusės. Perkelkite krevetes į dubenį ir supilkite likusias $\frac{1}{2}$ šaukšto laimo sulčių.

e) Surinkimas: Ant kiekvieno batono riekelės užtepkite 2 šaukštus avokadų mišinio. Ant viršaus uždėkite vieną ar du gabalėlius krevečių ir greipfruto segmentą. Ant viršaus pabarstykite pistacijų ir nedelsdami patiekite.

44. Krevetės a la Plancha virš šafrano Allioli skrebučiais

Išeiga: 4 porcijos

Ingridientai
Aioli
- Didelis žiupsnelis šafrano
- 2 dideli kiaušinių tryniai
- 1 česnako skiltelė, smulkiai pjaustyta
- 2 arbatiniai šaukšteliai košerinės druskos
- 3 puodeliai aukščiausios kokybės pirmojo spaudimo alyvuogių aliejaus, geriausia ispaniško
- 2 arbatinius šaukštelius citrinos sulčių ir dar daugiau, jei reikia

Krevetės
- Keturios ½ colio storio riekelės kaimiškos duonos
- 2 šaukštai aukščiausios kokybės pirmojo spaudimo alyvuogių aliejaus
- 1½ svaro 16/20 nuluptų krevečių
- Košerinė druska
- 2 citrinos, perpjautos per pusę
- 3 česnako skiltelės, smulkiai pjaustytos
- 1 arbatinis šaukštelis šviežiai maltų juodųjų pipirų
- 2 puodeliai sauso šerio
- 3 šaukštai grubiai pjaustytų plokščialapių petražolių

Kryptys

a) Padarykite aioli: Nedidelėje keptuvėje ant vidutinės ugnies paskrudinkite šafraną, kol jis taps trapus, 15–30 sekundžių. Išverskite jį į mažą lėkštę ir šaukšto nugarą sutrinkite. Į vidutinį dubenį sudėkite šafraną, kiaušinių trynius, česnaką ir druską ir stipriai plakite, kol gerai susimaišys. Pradėkite pilti alyvuogių aliejaus po kelis lašus vienu metu, gerai išplakdami tarp įdėjimų, kol aioli pradės tirštėti, tada labai lėta ir tolygia srove įlašinkite likusį aliejų į mišinį, plakdami aiolius, kol jis taps tirštas ir kreminis.
b) Įpilkite citrinos sulčių, paragaukite ir, jei reikia, papildykite citrinos sultimis ir druska. Perkelkite į nedidelį dubenį, uždenkite plastikine plėvele ir atšaldykite.
c) Kepkite skrebučius: Orkaitės groteles nustatykite į aukščiausią padėtį, o broilerį – į aukštą. Duonos riekeles sudėkite ant kepimo skardos su apvadu ir abi duonos puses aptepkite po 1 šaukštą aliejaus. Skrudinkite duoną iki auksinės rudos spalvos, maždaug 45 sekundes. Apverskite duoną ir paskrudinkite kitą pusę (atidžiai stebėkite broilerį, nes broilerių intensyvumas skiriasi), 30–45 sekundėmis ilgiau. Išimkite duoną iš orkaitės ir kiekvieną riekelę padėkite ant lėkštės.
d) Į didelį dubenį sudėkite krevetes. Pjaudami peilį negiliai įpjaukite krevetės nugarą, pašalindami gyslą ir palikdami nepažeistą lukštą.

Didelę, storadugnę keptuvę kaitinkite ant vidutinės-stiprios ugnies, kol beveik parūkys, 1½–2 minutes. Įpilkite likusį 1 šaukštą aliejaus ir krevetes. Krevetes pabarstykite žiupsneliu druskos ir pusės citrinos sultimis ir virkite, kol krevetės pradės riestis, o lukšto kraštai paruduos, 2–3 minutes.

e) Žnyplėmis apverskite krevetes, pabarstykite dar druska ir sultimis iš kitos citrinos pusės ir virkite, kol krevetės taps ryškiai rausvos, maždaug 1 minutę ilgiau.

f) Keptuvės centre padarykite duobutę ir įmaišykite česnaką bei juoduosius pipirus; kai česnakas kvepia, po maždaug 30 sekundžių suberkite cheresą, užvirinkite ir česnako-šerio mišinį įmaišykite į krevetes. Virkite, maišydami ir iš keptuvės dugno nubraukite rudas gabalėlius į padažą. Išjunkite ugnį ir išspauskite kitos citrinos pusės sultis. Likusią citrinos pusę supjaustykite griežinėliais.

g) Kiekvienos duonos riekelės viršų ištepkite gausiu šaukštu šafrano aioli. Padalinkite krevetes į lėkštes ir kiekvieną porciją užpilkite padažu. Pabarstykite petražolėmis ir patiekite su citrinos griežinėliais.

45. Krevečių karis su garstyčiomis

Ingridientai:

- 1 svaras krevečių
- 2 šaukštai aliejaus
- 1 arbatinis šaukštelis ciberžolės
- 2 valgomieji šaukštai garstyčių miltelių
- 1 arbatinis šaukštelis druskos
- 8 žalios paprikos

Kryptys

a) Padarykite garstyčių pastą tokiame pat kiekyje vandens. Nelipnioje keptuvėje įkaitinkite aliejų ir bent penkias minutes pakepinkite garstyčių pastą ir krevetes bei įpilkite 2 puodelius drungno vandens.

b) Užvirinkite ir suberkite ciberžolę, druską ir žaliąsias paprikas. Virkite ant vidutinės ugnies dar dvidešimt penkias minutes.

46. Krevetės karis

Ingridientai:

- 1 svaras krevečių, nuluptų ir nuskustų
- 1 svogūnas, sutrintas
- 1 arbatinis šaukštelis imbiero pastos
- 1 arbatinis šaukštelis česnako pasta
- 1 pomidoras, sutrintas
- 1 arbatinis šaukštelis ciberžolės miltelių
- 1 arbatinis šaukštelis čili miltelių
- 1 arbatinis šaukštelis kmynų miltelių
- 1 arbatinis šaukštelis kalendros miltelių
- 1 arbatinis šaukštelis druskos arba pagal skonį
- 1 arbatinis šaukštelis citrinos sulčių
- Kalendros/kalendros lapai
- 1 valgomasis šaukštas aliejaus

Kryptys

a) Nelipnioje keptuvėje įkaitinkite aliejų ir penkias minutes ant vidutinės ugnies pakepinkite svogūną, pomidorą, imbierą ir česnaką kartu su kmynų ir kalendros milteliais bei kalendros/kalendros lapeliais.

b) Įpilkite krevečių, ciberžolės ir čili miltelių bei druskos su puse puodelio drungno vandens ir virkite ant vidutinės ugnies dvidešimt penkias minutes. Keptuvę laikykite uždengtą dangčiu. Gerai išmaišykite, kad krevetės susimaišytų su prieskoniais. Pagardinkite citrinos sultimis, prieš patiekdami papuoškite kalendra/kalendra.

47. Krevetės česnakų padaže

Ingridientai
- 12 skiltelių česnako, grubiai pjaustytų
- 1 puodelis augalinio aliejaus
- 1/4 puodelio (1/2 lazdelės) nesūdyto sviesto
- 1 1/2 svaro šviežių krevečių, nuluptų, be gyslų ir su drugeliais (uodegos nepaliestos)

Kryptys
a) Didelėje keptuvėje pakepinkite česnaką vidutiniškai karštame aliejuje (apie 300 laipsnių F) iki šviesiai rudos spalvos. Atidžiai stebėkite, kad nesudegtumėte. Po maždaug 6–8 minučių greitai įmaišykite sviestą ir nedelsdami nukelkite nuo ugnies. Sudėjus visą sviestą, gabaliukai taps traškūs. Išimkite juos kiaurasamčiu ir pasilikkite aliejaus bei sviesto krevetėms troškinti.
b) Didelėje keptuvėje įkaitinkite apie 2–3 šaukštus rezervuoto aliejaus ir pakepinkite krevetes apie 5 minutes. Labai trumpai apverskite ir išimkite. Jei reikia, įpilkite daugiau aliejaus, kad apkeptumėte visas krevetes. Druska pagal skonį. Papuoškite česnako gabalėliais ir petražolėmis. Patiekite su meksikietiškais ryžiais.
c) Pabandykite prancūzišką duoną sutepti česnako aliejumi, tada pabarstykite petražolėmis ir paskrudinkite.

d) Patiekite su krevetėmis ir pagardinkite salotų ir pomidorų salotomis.

48. Krevetės garstyčių grietinėlės padaže

Ingridientai
- 1 svaras didelių krevečių
- 2 šaukštai augalinio aliejaus
- 1 askaloninis česnakas, susmulkintas
- 3 šaukštai sauso baltojo vyno
- 1/2 puodelio riebios grietinėlės arba plaktos grietinėlės
- 1 valgomasis šaukštas Dižono garstyčių su sėklomis
- Druska, pagal skonį

Kryptys
a) Nulupkite ir devein krevetės. 10 colių keptuvėje ant vidutinės ugnies kepkite askaloninius česnakus karštame aliejuje 5 minutes, dažnai maišydami. Padidinkite šilumą iki vidutinės-aukštos. Pridėti krevečių. Kepkite 5 minutes arba tol, kol krevetės pasidarys rausvos, dažnai maišydami. Išimkite krevetes į dubenį. Į keptuvę įpilkite vyno lašelius.
b) Virkite ant vidutinės ugnies 2 minutes. Įpilkite grietinėlės ir garstyčių. Virkite 2 minutes. Grąžinkite krevetes į keptuvę. Maišykite, kol įkais. Druska pagal skonį.
c) Patiekite ant karštų, virtų ryžių.
d) Tarnauja 4.

49. Gazpacho

Ingridientai

- 2 skiltelės česnako
- 1/2 raudonojo svogūno
- 5 romų pomidorai
- 2 saliero stiebai
- 1 didelis agurkas
- 1 cukinija
- 1/4 puodelio aukščiausios kokybės pirmojo spaudimo alyvuogių aliejaus
- 2 šaukštai raudonojo vyno acto
- 2 šaukštai cukraus Keli brūkšniai aštraus padažo Brūkšnys druskos
- Truputis juodųjų pipirų
- 4 puodeliai geros kokybės pomidorų sulčių
- 1 svaras krevečių, nuluptų ir nuluptų avokado griežinėlių, patiekimui
- 2 kietai virti kiaušiniai, smulkiai sumalti Švieži kalendros lapai, patiekimui, traškiai duonai, patiekimui

Kryptys

a) Česnaką susmulkinkite, svogūną supjaustykite griežinėliais, o pomidorus, salierą, agurką ir cukiniją supjaustykite kubeliais. Visą česnaką, visus svogūnus, pusę likusių kubeliais pjaustytų daržovių ir aliejų sumeskite į virtuvinio kombaino dubenį arba, jei norite, į trintuvą.

b) Supilkite actą ir suberkite cukrų, aštrų padažą, druską ir pipirus. Galiausiai supilkite 2 puodelius pomidorų sulčių ir gerai išmaišykite. Iš esmės turėsite pomidorų pagrindą su nuostabiu daržovių konfeti.

c) Supilkite sumaišytą mišinį į didelį dubenį ir sudėkite kitą pusę supjaustytų daržovių. Maišykite kartu. Tada įmaišykite likusius 2 puodelius pomidorų sulčių. Paragaukite ir įsitikinkite, kad prieskoniai tinkami. Sureguliuokite pagal poreikį. Jei įmanoma, laikykite šaldytuve valandą.

d) Krevetes kepkite ant grotelių arba troškinkite, kol jos taps nepermatomos. Atidėti. Supilkite sriubą į dubenėlius, sudėkite ant grotelių keptas krevetes ir papuoškite avokado griežinėliais, kiaušiniu ir kalendros lapeliais. Patiekite su traškia duona ant šono.

50. Krevetės Linguine Alfredo

Ingridientai
- 1 (12 uncijų) pakuotė linguine makaronų
- 1/4 puodelio sviesto, lydyto
- 4 šaukštai kubeliais pjaustytų svogūnų
- 4 arbatinius šaukštelius malto česnako
- 40 mažų krevečių, nuluptų ir nuluptų
- 1 puodelis pusantros
- 2 arbatinius šaukštelius maltų juodųjų pipirų
- 6 šaukštai tarkuoto parmezano sūrio
- 4 šakelės šviežių petražolių
- 4 griežinėliai citrinos, papuošimui

Kryptys
a) Virkite makaronus dideliame puode su verdančiu vandeniu iki al dente; nusausinti. Tuo tarpu dideliame puode ištirpinkite sviestą. Ant vidutinės ugnies pakepinkite svogūną ir česnaką, kol suminkštės. Pridėti krevečių; patroškinkite ant stiprios ugnies 1 minutę nuolat maišydami. Įmaišykite pusę-pusę.
b) Virkite nuolat maišydami, kol padažas sutirštės. Sudėkite makaronus į serviravimo indą ir apliekite krevečių padažu. Pabarstykite juodaisiais pipirais ir parmezano sūriu.
c) Papuoškite petražolėmis ir citrinos griežinėliais.

51. Krevetės Marinara

Ingridientai
- 1 (16 uncijų) skardinė pomidorų, supjaustyta
- 2 Valgomieji šaukštai maltų petražolių
- 1 skiltelė česnako, susmulkinta
- 1/2 arbatinio šaukštelio džiovinto baziliko
- 1 arbatinis šaukštelis druskos
- 1/4 arbatinio šaukštelio pipirų
- 1 arbatinis šaukštelis džiovintų raudonėlių
- 1 (6 uncijos) skardinė pomidorų pastos
- 1/2 arbatinio šaukštelio pagardintos druskos
- 1 svaras virtų išlukštentų krevečių
- Tarkuoto parmezano sūrio
- Virti spagečiai

Kryptys
a) Puode sumaišykite pomidorus su petražolėmis, česnaku, baziliku, druska, pipirais, raudonėliais, pomidorų pasta ir pagardinta druska. Uždenkite ir virkite ant silpnos ugnies 6–7 valandas.
b) Pasukite reguliatorių į aukštą, įmaišykite krevetes, uždenkite ir virkite aukštoje temperatūroje dar 10–15 minučių. Patiekite ant virtų spagečių.
c) Ant viršaus uždėkite parmezano sūrio.

52. Krevetės Niuburgas

Ingridientai

- 1 svaro krevetės, virtos, iškeptos
- 4 uncijos skardinių grybų
- 3 kietai virti kiaušiniai, nulupti ir supjaustyti
- 1/2 puodelio parmezano sūrio
- 4 šaukštai sviesto
- 1/2 svogūno, supjaustyto
- 1 skiltelė česnako, susmulkinta
- 6 šaukštai miltų
- 3 puodeliai pieno
- 4 šaukštai sauso šerio
- Worcestershire padažas
- Druskos ir pipirų
- Tabasco padažas

Kryptys

a) Įkaitinkite orkaitę iki 375 laipsnių F.
b) Ištirpinkite sviestą ir pakepinkite svogūną bei česnaką, kol suminkštės. Suberkite miltus. Gerai ismaisyti. Palaipsniui pilkite pieną, nuolat maišydami. Virkite, kol padažas sutirštės. Įpilkite šerio ir prieskonių pagal skonį.
c) Atskirame dubenyje sumaišykite krevetes, grybus, kiaušinius ir petražoles. Į krevečių mišinį įpilkite padažo kartu su 1/4 puodelio sūrio. Gerai ismaisyti.
d) Supilkite mišinį į 2-kvartalų troškinimo indą ir užpilkite likusiu sūriu. Pabarstykite sviestu.
e) Kepkite 10 minučių, kol viršus šiek tiek apskrus.

53. Aštrios marinuotos krevetės

Ingridientai
- 2 svarai. Didelės krevetės, nuluptos ir nuluptos
- 1 arbatinis šaukštelis druskos
- 1 citrina, perpjauta per pusę
- 8 puodeliai vandens
- 1 puodelis baltojo vyno acto arba peletrūno acto
- 1 puodelis alyvuogių aliejaus
- 1-2 Serrano čili (daugiau ar mažiau, priklausomai nuo skonio), pašalintos sėklos ir gyslos, smulkiai sumalti
- ¼ puodelio šviežios kalendros, susmulkintos
- 2 Didelės česnako skiltelės, susmulkintos arba permestos per česnako presą
- 2 arbatiniai šaukšteliai šviežios kalendros, susmulkintos (jei norite)
- 3 Žalieji svogūnai (tik baltoji dalis), susmulkinti
- Šviežiai malti juodieji pipirai, pagal skonį

Kryptys

a) Olandiškoje orkaitėje sumaišykite vandenį, druską ir citrinos puseles ir užvirinkite. Sudėkite krevetes, išmaišykite ir švelniai virkite 4-5 minutes. Nuimkite nuo ugnies ir nusausinkite.

b) Dideliame plastikiniame maišelyje ar kitame plastikiniame inde sumaišykite actą, alyvuogių aliejų, čili, kalendrą ir česnaką. Sudėkite virtas krevetes ir 12 valandų arba per naktį laikykite šaldytuve, keletą kartų apversdami.

c) Norėdami patiekti, nupilkite skystį iš krevečių. Dideliame dubenyje sumaišykite atšaldytas krevetes su papildoma kalendra, žaliais svogūnais ir juodaisiais pipirais ir gerai išmaišykite. Išdėliokite į serviravimo indą ir patiekite iš karto.

54. Aštrios Singapūro krevetės

Ingridientai

- 2 svarai didelių krevečių
- 2 šaukštai kečupo
- 3 šaukštai Sriracha
- 2 šaukštai citrinos sulčių
- 2 šaukštai sojos padažo
- 1 valgomasis šaukštas cukraus
- 2 vidutinio dydžio jalapeño, išskobti ir sumalti
- baltas svogūnas iš 1 citrinžolės stiebo, susmulkintas
- 1 valgomasis šaukštas šviežio imbiero, malto
- 4 svogūnai, smulkiai supjaustyti
- 1/4 puodelio kalendros, susmulkintos

Kryptys

a) Sumaišykite kečupą, actą (jei naudojate), čili padažą, citrinos sultis, sojų padažą ir cukrų.

b) Didelėje keptuvėje įkaitinkite šiek tiek augalinio aliejaus ir ant stiprios ugnies kepkite krevetes. Kai jie pradės rožinėti, apverskite juos.

c) Įpilkite šiek tiek daugiau aliejaus ir jalapeño, česnako, citrinžolės ir imbiero. Dažnai maišykite, kol mišinys įkais. Įspėjimas: skaniai kvepės. Stenkitės neprarasti dėmesio.

d) Keptuvėje maišydami pakepinkite svogūnus ir kečupo mišinį 30 sekundžių, tada įmaišykite susmulkintą kalendrą. Patiekite krevetes su ryžiais.

55. Starlight krevetės

Ingridientai

- 6 puodeliai vandens
- 2 valgomieji šaukštai druskos
- 1 citrina, perpjauta per pusę
- 1 saliero stiebas, supjaustytas 3 colių gabalėliais
- 2 lauro lapai
- Truputis kajeno pipirų
- 1/4 puodelio petražolių, maltų
- 1 pakuotė Vėžių/krabų/krevečių virimas
- 2 svarai. nenuluptos krevetės, ką tik velkamos Mobile Bay
- 1 indelis kokteilio padažo

Kryptys

a) Nupjaukite krevečių galvas.
b) Dideliame puode arba olandiškoje orkaitėje sumaišykite pirmuosius 8 ingredientus. Užvirinkite. Sudėkite krevetes su lukštais ir virkite apie 5 minutes, kol jos taps rausvos. Gerai nusausinkite šaltu vandeniu ir atvėsinkite.
c) Nulupkite ir nulupkite krevetes, tada laikykite atšaldytoje šaldytuve.

AŠTUONKOJAS

56. Aštuonkojis raudoname vyne

Ingridientai

- 1 kg (2,25 svaro) jaunas aštuonkojis
- 8 Šaukštai alyvuogių aliejaus
- 350 g (12 uncijų) mažų svogūnų arba askaloninių česnakų 150 ml (0,25 pintos) raudonojo vyno 6 valgomieji šaukštai raudonojo vyno acto
- 225 g (8 uncijos) konservuotų pomidorų, grubiai pjaustytų 2 valgomųjų šaukštų pomidorų tyrės
- 4 lauro lapai
- 2 arbatiniai šaukšteliai džiovinto raudonėlio
- Juodasis pipiras
- 2 Valgomieji šaukštai kapotų petražolių

Kryptys

a) Pirmiausia nuvalykite aštuonkojį. Nuimkite čiuptuvus, išimkite ir išmeskite žarnas ir rašalo maišelį, akis ir snapą. Nulupkite aštuonkojį ir kruopščiai nuplaukite bei nušveiskite, kad pašalintumėte smėlio pėdsakus. Supjaustykite 4-5 cm (1,5-2 colio) gabalėliais ir sudėkite į puodą ant vidutinės ugnies, kad išsiskirtų skystis. Maišykite aštuonkojį, kol šis skystis išgaruos. Supilkite aliejų ir išmaišykite aštuonkojį, kad jis būtų sandarus iš visų pusių. Sudėkite nesmulkintus svogūnus ir pakepinkite vieną ar du kartus pamaišydami, kol šiek tiek nuspalvins.

b) Įpilkite vyno, acto, pomidorų, pomidorų tyrės, lauro lapų, raudonėlio ir keletą maltų pipirų. Gerai išmaišykite, uždenkite keptuvę ir labai švelniai troškinkite 1-1,25 val., karts nuo karto patikrindami, ar padažas neišdžiūvo. Jei taip atsitiks – o taip nutiktų tik tada, kai karštis būtų per didelis – įpilkite dar šiek tiek vyno arba vandens. Aštuonkojis iškepęs tada, kai jį galima lengvai persmeigti iešmu.

c) Padažas turi būti tirštas, kaip skysta pasta. Jei skystis išsiskiria, nuimkite dangtį nuo keptuvės, šiek tiek padidinkite ugnį ir maišykite, kol dalis skysčio išgaruos ir padažas sutirštės.
Išmeskite lauro lapus ir įmaišykite petražoles. Paragaukite padažo ir, jei reikia, pakoreguokite prieskonius. Patiekite, jei norite, su ryžiais ir salotomis. Graikijoje būtina kaimiška duona, skirta padažui nuvalyti.

APTARNAVIMAS 4-6

57. Marinuotas aštuonkojis

Ingridientai

- 1 kg (2,25 svaro) jaunas aštuonkojis
- apie 150 ml (0,25 pintos) alyvuogių aliejaus
- apie 150ml (0,25pintos) raudonojo vyno acto 4 skiltelės česnako
- druskos ir juodųjų pipirų 4-6 čiobrelio stiebeliai arba 1 arbatinis šaukštelis džiovintų čiobrelių citrinos skiltelių, patiekimui

Kryptys

a) Paruoškite ir nuplaukite aštuonkojį (kaip Octopus in Red Wine). Galvą ir čiuptuvus sudėkite į keptuvę su 6-8 šaukštais vandens, uždenkite ir troškinkite 1-1,25 valandos, kol suminkštės. Išbandykite tai su iešmu. Nupilkite likusį skystį ir atidėkite atvėsti.

b) Minkštimą supjaustykite 12 mm (0,5 colio) juostelėmis ir laisvai supakuokite į stiklainį su užsukamu viršumi. Sumaišykite tiek aliejaus ir acto, kad užpildytumėte stiklainį - tikslus kiekis priklausys nuo santykinių jūros gėrybių ir indo tūrių - įmaišykite česnaką ir pagardinkite druska bei pipirais. Jei naudojate džiovintus čiobrelius, šiame etape sumaišykite juos su skysčiu. Užpilkite jį ant aštuonkojų ir įsitikinkite, kad kiekvienas paskutinis gabalėlis yra visiškai panardintas. Jei naudojate čiobrelių stiebus, įstumkite juos į stiklainį.

c) Uždenkite stiklainį ir prieš naudojimą palikite bent 4-5 dienoms.

d) Norėdami patiekti, aštuonkojį nusausinkite ir patiekite ant mažų atskirų lėkštučių ar lėkštučių su citrinos skilteles.

e) Ne mažiau kaip vienos dienos duonos kubeliai, suversti ant kokteilių lazdelių, yra įprastas priedas.

APTARNAVIMAS 8

58. Vyne virti aštuonkojai

Ingridientai
- 1 3/4 svaro aštuonkojis (atšildytas)
- 4 v.š. alyvuogių aliejus
- 2 dideli svogūnai supjaustyti
- druskos ir pipirų
- 1 lauro lapas
- 1/4 puodelio sauso baltojo vyno

Kryptys

a) Nuimkite aštuonkojo galvos dalį. Švarus. Nuplaukite rankas.

b) Aštuonkojį supjaustykite kąsnio dydžio gabalėliais.

c) Kepkite alyvuogių aliejuje ant vidutinės ugnies apie 10 minučių, reguliariai vartydami.

d) Įpilkite svogūnų, prieskonių ir vyno. Uždenkite ir švelniai troškinkite, kol aštuonkojai suminkštės, maždaug 15 minučių.

Tarnauja 4

59. Sicilietiškas aštuonkojis, keptas ant grotelių

GAMINA 4 PORCIJAS

Ingridientai

- 2½ svaro išvalytas ir užšaldytas aštuonkojis
- 2 puodeliai sodraus raudonojo vyno, pvz
- Pinot Noir arba Cabernet Sauvignon
- 1 mažas svogūnas, supjaustytas
- 1 arbatinis šaukštelis juodųjų pipirų
- šaukštelis sveikų gvazdikėlių
- 1 lauro lapas
- 1 puodelis Sicilijos citrusinių vaisių marinato
- ¾ puodelio be kauliukų ir stambiai pjaustytų Sicilijos arba Cerignola žaliųjų alyvuogių
- 3 uncijos kūdikių arugulos lapų
- 1 valgomasis šaukštas kapotų šviežių mėtų
- Stambi jūros druska ir šviežiai malti juodieji pipirai

Kryptys

a) Aštuonkojį nuplaukite, tada sudėkite į sriubos puodą su vynu ir pakankamai vandens, kad apsemtų. Sudėkite svogūną, pipirų žirnelius, gvazdikėlius ir lauro lapą. Užvirinkite ant stiprios ugnies, tada sumažinkite ugnį iki vidutinės-žemos, uždenkite ir švelniai troškinkite, kol aštuonkojis bus pakankamai minkštas, kad į jį lengvai įeitų peilis, nuo 45 minučių iki 1 valandos. Aštuonkojus nusausinkite, o skystį išmeskite arba perkoškite ir pasilikite jūros gėrybių sultiniui arba risotto. Kai aštuonkojis yra pakankamai vėsus, kad galėtumėte jį valdyti, nupjaukite čiuptuvus nuo galvos.

b) Aštuonkojus ir marinatą sumaišykite 1 galono maišelyje su užtrauktuku. Išspauskite orą, sandariai uždarykite maišelį ir šaldykite 2–3 valandas. Uždekite kepsninę, kad gautumėte tiesioginį vidutinį ir aukštą karštį, maždaug 450¼F.

c) Išimkite aštuonkojį iš marinato, nusausinkite ir palikite kambario temperatūroje 20 minučių. Marinatą perkoškite į puodą ir užvirinkite ant vidutinės ugnies. Sudėkite alyvuoges ir nukelkite nuo ugnies.

d) Aptepkite grilio groteles ir patepkite aliejumi. Kepkite aštuonkojį ant grotelių tiesiai ant ugnies, kol gražiai pasižymės grotelėmis, po 3–4 minutes kiekvienoje pusėje, švelniai spausdami aštuonkojį, kad gerai apskrustų. Išdėliokite rukolą ant lėkštės ar lėkščių ir ant viršaus uždėkite aštuonkojų. Ant kiekvienos porcijos užpilkite šiek tiek šilto padažo, įskaitant nemažą kiekį alyvuogių. Pabarstykite mėtomis, druska ir juodaisiais pipirais.

ŠUKUTĖS

60. Jūros gėrybių puodo pyragas

Ingridientai

- 1/2 puodelio sauso baltojo vyno
- 1 svaras jūros šukutės, perpjaukite per pusę, jei labai didelės
- 1 didelė kepimo bulvė, nulupta ir supjaustyta 1/2 colio kubeliais
- 3 šaukštai sviesto, suminkštinto
- 1/2 puodelio nulupto ir susmulkinto pyrago obuolio
- 1 didelė morka, susmulkinta
- 1 saliero šonkaulis, susmulkintas
- 1 didelis svogūnas, susmulkintas
- 1 česnako skiltelė, susmulkinta
- 1 1/2 stiklinės vištienos sultinio
- 1/4 puodelio riebios grietinėlės
- 2 šaukštai universalių miltų
- 3/4 arbatinio šaukštelio druskos
- 1/2 arbatinio šaukštelio šviežiai maltų baltųjų pipirų Žiupsnelis kajeno pipirų
- 1 svaras vidutinių krevečių, išlukštentų ir nuluptų
- 1 puodelis kukurūzų branduolių
- 1 mažas stiklainis (3 1/2 uncijos) pimiento juostelės
- 2 šaukštai maltų petražolių
- Dribsniai pyragaičiai

Kryptys

a) Vidutiniame nereaguojančiame puode ant stiprios ugnies užvirinkite vyną. Sudėkite šukutes ir kepkite, kol jos taps nepermatomos, maždaug 1 minutę. Nusausinkite šukutes, palikdami skystį. Kitame vidutinio dydžio puode su verdančiu pasūdytu vandeniu bulves virkite, kol suminkštės, 6–8 minutes; nusausinkite ir atidėkite į šalį.
b) Įkaitinkite orkaitę iki 425 F. Dideliame puode ant vidutiniškai stiprios ugnies ištirpinkite 2 šaukštus sviesto. Sudėkite obuolį, morkas, salierą ir svogūną ir kepkite, kol mišinys suminkštės ir pradės ruduoti, maždaug 6 minutes. Sudėkite česnaką ir kepkite 1 minutę ilgiau. Supilkite vištienos sultinį ir padidinkite ugnį iki didelės. Virkite, kol didžioji dalis skysčio išgaruos, maždaug 5 minutes.
c) Obuolių-daržovių mišinį perkelkite į virtuvinį kombainą. Sutrinkite iki vientisos masės. Grįžkite į puodą ir įmaišykite rezervuotą šukučių skystį bei riebią grietinėlę.
d) Mažame dubenyje sumaišykite miltus su likusiu 1 šaukštu sviesto, kad susidarytų pasta. Šukučių kremą užvirinkite ant vidutinės ugnies. Palaipsniui supilkite sviesto pastą. Užvirinkite, plakite iki

61. Keptos šukutės su česnakiniu padažu

Ingridientai

- 1 1/2 svaro lauro šukutės, perpjautos pusiau
- 3 skiltelės česnako, sutrintos
- 1/4 puodelio (1/2 lazdelės) margarino, ištirpinto
- 10 kietų baltų grybų, supjaustytų griežinėliais
- Lengvas žiupsnelis svogūnų druskos
- Šaukštelis šviežiai tarkuotų pipirų
- 1/3 puodelio pagardintų duonos trupinių
- 1 arbatinis šaukštelis smulkiai maltų šviežių petražolių

Kryptys

a) Nuvalykite šukutes drėgnu popieriniu rankšluosčiu. Sutrinkite česnako skilteles ir suberkite į margariną; gerai išmaišykite, kad susimaišytų. Laikyti šiltai. Į kepimo indo dugną supilkite šiek tiek ištirpusio česnako padažo; suberkite grybus ir pagardinkite.

b) Ant grybų uždėkite šukutes. Pasiliekame 1 valgomąjį šaukštą česnakinio padažo, o likusį užpilame ant šukučių.

c) Pabarstykite duonos trupiniais, petražolėmis ir česnakiniu padažu. Kepkite iki 375 laipsnių F įkaitintoje orkaitėje, kol viršus gražiai apskrus ir bus karštas.

62. Provanso šukutės

Ingridientai
- 2 arbatinius šaukštelius alyvuogių aliejaus
- 1 svaras jūros šukutės
- 1/2 puodelio plonais griežinėliais supjaustyto svogūno, padalinto į žiedus 1 česnako skiltelė, susmulkinta
- 1 puodelis kubeliais pjaustytų įprastų arba slyvinių pomidorų
- 1/4 puodelio kapotų prinokusių alyvuogių
- 1 valgomasis šaukštas džiovinto baziliko
- 1/4 arbatinio šaukštelio džiovintų čiobrelių
- 1/8 arbatinio šaukštelio druskos
- 1/8 arbatinio šaukštelio šviežiai maltų pipirų

Kryptys
a) Įkaitinkite alyvuogių aliejų didelėje nepridegančioje keptuvėje ant vidutinės-stiprios ugnies. Sudėkite šukutes ir patroškinkite 4 minutes arba kol iškeps.
b) Išimkite šukutes iš keptuvės kiaurasamčiu; atidėkite į šalį ir laikykite šiltai.
c) Į keptuvę sudėkite svogūnų žiedus ir česnaką ir patroškinkite 1-2 minutes. Sudėkite pomidorą ir likusius

ingredientus ir patroškinkite 2 minutes arba kol suminkštės.

Šaukštu padažu užtepkite šukutes

63. Šukutės su baltojo sviesto padažu

Ingridientai
- 750 g (1=lb.) šukučių
- 1 puodelis baltojo vyno
- 90 g (3 uncijos) sniego žirnių arba plonais griežinėliais pjaustytų šparaginių pupelių
- kelių laiškinių česnakų papuošimui
- druskos ir šviežiai maltų pipirų
- šiek tiek citrinos sulčių
- 1 valgomasis šaukštas pjaustytų žaliųjų svogūnų 125 g (4 uncijos)
- gabalėliais supjaustyto sviesto

Kryptys

a) Pašalinkite visas barzdas nuo šukučių, tada nuplaukite. Atsargiai nuimkite ikrus ir padėkite ant popierinių rankšluosčių, kad išdžiūtų. Pagardinkite druska ir pipirais.

b) Apytiksliai pakepinkite šukutes ir ikrus vyne ir citrinos sultyse. 2 minutės. Išimkite ir laikykite šiltai. Sniego žirnelius suberkite į verdantį pasūdytą vandenį 1 min., nukoškite, tą patį padarykite su pupelėmis, jei naudojate.

c) Įdėkite žalią svogūną į brakonieriavimo skystį ir sumažinkite iki maždaug 1/2 puodelio. Ant silpnos ugnies po truputį pilkite sviestą, plakdami, kad susidarytų padažas (grietinėlės konsistencija).

d) Patiekite su traškia duona, kad išplautumėte puikų padažą.

HADDOCK

64. Juodadėmės menkės su žolelių sviestu

Padaro 4 porcijas

Ingridientai
Žolelių sviestas:

- 1 puodelis (2 pagaliukai) nesūdyto sviesto, suminkštinto
- ½ puodelio laisvai supakuoto baziliko
- ½ puodelio laisvai supakuotų petražolių
- ½ askaloninės česnako
- 1 nedidelė česnako skiltelė
- ½ arbatinio šaukštelio druskos
- 1/8 arbatinio šaukštelio pipirų

Karamelizuoti svogūnai:

- 1-šaukštas sviesto
- 2 dideli svogūnai, supjaustyti
- ½ arbatinio šaukštelio druskos
- ¼ arbatinio šaukštelio šviežiai maltų juodųjų pipirų
- 2 šaukštai šviežių čiobrelių lapų arba 1 arbatinis šaukštelis džiovintų
- 2 svarai juodadėmės menkės
- 3 pomidorai, supjaustyti

Kryptys

a) Žolelių sviestą pasigaminkite kartu apdorodami minkštą sviestą, baziliką, petražoles, askaloninius česnakus, česnaką, druską ir pipirus.
b) Pasukite sviestą ant plastikinės plėvelės ir suformuokite sviestą į rąstą. Apvyniokite jį plastikine plėvele ir atvėsinkite arba užšaldykite. Vidutinėje keptuvėje ant vidutinės-mažos ugnies įkaitinkite sviestą ir aliejų.
c) Sudėkite svogūnus ir kepkite, kol jie pradės minkštėti, retkarčiais pamaišydami apie 15 minučių.
d) Įberkite druskos ir pipirų; šiek tiek padidinkite ugnį ir kepkite iki auksinės rudos spalvos, retkarčiais pamaišydami, 30–35 minutes. Įmaišykite čiobrelius.
e) Įkaitinkite orkaitę iki 375°. Sutepkite aliejumi 9 x 13 colių keptuvę.
f) Keptuvės apačioje paskleiskite svogūnus, o ant svogūnų uždėkite juodadėmės menkės.
g) Juodadėmę menką uždenkite supjaustytais pomidorais.
h) Kepkite, kol juodadėmės menkės vidurys dar šiek tiek taps nepermatomos (apie 20 minučių). Išėmus iš orkaitės jis ir toliau keps.

i) Žolelių sviestą supjaustykite ¼ colio medalionais ir padėkite ant pomidorų ir patiekite.

65. Cajun prieskoninis juodadėmės menkės

Ingridientai
- 1 juodadėmės menkės filė
- Paprasti miltai
- 1 arbatinis šaukštelis Cajun Spice
- 75 g kubeliais pjaustytų ananasų
- 1 pavasarinis svogūnas
- 10 g raudonųjų svogūnų
- 10 g raudonųjų pipirų
- 10 g alyvuogių aliejaus

Kryptys

a) Salsai supjaustykite ananasą maždaug 1 cm kubeliais, smulkiai supjaustykite raudonąjį svogūną, 1 svogūną ir skrudintą bei nuluptą raudonąją papriką. Įpilkite aliejaus ir raudonojo vyno acto ir palikite uždengtame dubenyje kambario temperatūroje 1 valandą.

b) Miltus sumaišykite su Cajun prieskoniais ir apibarstykite pagardintą juodadėmės menkės filė.

c) Keptuvėje pakepinkite juodadėmę menką ir patiekite su salsva.

66. Juodadėmės menkės, porų ir bulvių košė

Ingridientai
- 1/4 juodadėmės menkės filė
- 25 g pjaustytų porų
- 25 g kubeliais pjaustytų bulvių
- 15 g kubeliais pjaustytų svogūnų
- 250 ml grietinėlės
- 100 ml žuvies sultinio
- Susmulkintos petražolės

Kryptys

a) Keptuvėje Apkepkite nuplautą ir susmulkintą porą.

b) Kai porai suminkštės, sudėkite bulves ir svogūną.

c) Kai daržovės sušils, supilkite grietinėlę, sultinį ir užvirkite. Užvirkite ir suberkite susmulkintą juodadėmę menką.

d) Troškinkite 10 minučių ir patiekdami suberkite kapotas petražoles.

67. Rūkyta juodadėmė menkė ir pomidorų chutney

Ingridientai:

- 3 x 175 g rūkytos juodadėmės menkės filė
- 30 mažų paruoštų tartalečių puodelių

Retas

- 325 g stipraus Čedaro sūrio
- 75 ml pieno
- 1 kiaušinio trynys
- 1 visas kiaušinis
- 1/2 šaukšto garstyčių miltelių
- 30 g paprastų miltų
- 1/2 arbatinio šaukštelio Worcester padažo, Tabasco padažo
- 25 g šviežių baltų džiūvėsėlių
- Prieskoniai

Pomidorų chutney

- 15 g imbiero šaknų
- 4 raudonos paprikos
- 2 kg raudonų pomidorų
- 500 g obuolių, nuluptų ir susmulkintų
- 200 g sultonų
- 400 g stambiai pjaustytų askaloninių česnakų
- Druska

- 450 g rudojo cukraus
- 570 ml salyklo acto

Kryptys

a) Juodadėmę menką gerai pagardinkite ir pašaukite į orkaitę su trupučiu alyvuogių aliejaus ir kepkite apie 5-6 minutes.

b) Sūrį sutarkuokite ir supilkite į keptuvę su pienu ir švelniai pašildykite keptuvėje, kol ištirps, nukelkite nuo ugnies ir atvėsinkite.

c) Įdėkite visą kiaušinį ir trynį, garstyčias, džiūvėsėlius ir po truputį Worcester ir Tabasco, pagardinkite ir leiskite atvėsti.

d) Juodadėmės menkės dribsniais nulupkite, kad neliktų kaulų, ir įdėkite čatnį į tortų dugną, ant viršaus uždėkite žuvies dribsnius. Įkaitinkite kepsninę iki stiprios ugnies, ant juodadėmės menkės užpilkite retuko ir padėkite po grotelėmis, kol ant viršaus pasidarys auksinės rudos spalvos.

e) Išimkite juodadėmę menką nuo grotelių ir patiekite iš karto.

LAŠIŠA

68. Magiška kepta lašiša

(Pagamina 1 porciją)

Ingridientai

- 1 lašišos filė
- 2 arbatiniai šaukšteliai Salmon Magic
- Nesūdytas sviestas, lydytas

Kryptys

a) Įkaitinkite orkaitę iki 450 F.
b) Lašišos filė viršų ir šonus lengvai patepkite tirpintu sviestu. Nedidelę skardą lengvai ištepkite tirpintu sviestu.
c) Lašišos filė viršų ir šonus pagardinkite lašišos magija. Jei filė stora, naudokite šiek tiek daugiau Salmon Magic. Švelniai įspauskite prieskonius.
d) Sudėkite filė ant skardos ir kepkite, kol viršus taps auksinės rudos spalvos, o filė tik iškeps. Kad lašiša būtų drėgna, rausva, neperkepkite. Patiekite iš karto.
e) Virimo laikas: nuo 4 iki 6 minučių.

69. Lašiša su granatais ir kvinoja

Porcijos: 4 porcijos

Ingridientai

- 4 lašišos filė be odos
- ¾ puodelio granatų sulčių, be cukraus (arba mažai cukraus)
- ¼ puodelio apelsinų sulčių, be cukraus
- 2 valgomieji šaukštai apelsinų marmelado/uogienės
- 2 valgomieji šaukštai česnako, malto
- Druska ir pipirai pagal skonį
- 1 puodelis quinoa, virta pagal pakuotę
- Keletas kalendros šakelių

Nurodymai:

a) Vidutiniame dubenyje sumaišykite granatų sultis, apelsinų sultis, apelsinų marmeladą ir česnaką. Pagardinkite druska ir pipirais ir pagal skonį pakoreguokite skonį.

b) Įkaitinkite orkaitę iki 400 F. Kepimo formą ištepkite minkštu sviestu. Įdėkite lašišą ant kepimo skardos, palikdami 1 colio tarpą tarp filė.

c) Lašišą kepkite 8-10 minučių. Tada atsargiai išimkite skardą iš orkaitės ir supilkite granatų mišinį. Įsitikinkite, kad lašišos viršus tolygiai padengtas mišiniu. Įdėkite lašišą atgal į orkaitę ir kepkite dar 5 minutes arba kol ji visiškai iškeps ir granatų mišinys taps auksiniu glajumi.

d) Kol lašiša kepa, paruoškite quinoa. Užvirinkite 2 puodelius vandens ant vidutinės ugnies ir įpilkite quinoa. Virkite 5-8 minutes arba kol vanduo susigers. Nukelkite nuo ugnies, suplakite quinoa šakute ir uždėkite dangtį. Leiskite likusiai ugniai virti quinoa dar 5 minutes.

e) Granatais glazūruotą lašišą perkelkite į serviravimo indą ir pabarstykite šviežiai pjaustyta kalendra. Lašišą patiekite su quinoa.

70. Kepta lašiša ir saldžiosios bulvės

Porcijos: 4 porcijos

Ingridientai

- 4 lašišos filė, nuimta oda
- 4 vidutinio dydžio saldžiosios bulvės, nuluptos ir supjaustytos 1 colio storio
- 1 puodelis brokolių žiedynų
- 4 šaukštai gryno medaus (arba klevų sirupo)
- 2 valgomieji šaukštai apelsinų marmelado/uogienės
- 1 1 colio šviežio imbiero gumbelis, tarkuotas
- 1 arbatinis šaukštelis Dižono garstyčių
- 1 valgomasis šaukštas sezamo sėklų, skrudintų
- 2 valgomieji šaukštai nesūdyto sviesto, lydyto
- 2 arbatinius šaukštelius sezamo aliejaus
- Druska ir pipirai pagal skonį
- Laiškiniai svogūnai / laiškiniai svogūnai, šviežiai pjaustyti

Nurodymai:

a) Įkaitinkite orkaitę iki 400 F. Kepimo skardą ištepkite tirpintu nesūdytu sviestu.
b) Į keptuvę sudėkite supjaustytas saldžiąsias bulves ir brokolių žiedynus. Lengvai pagardinkite druska, pipirais ir šaukšteliu sezamo aliejaus. Įsitikinkite, kad daržovės yra lengvai apteptos sezamo aliejumi.
c) Bulves ir brokolius kepkite 10-12 minučių.
d) Kol daržovės dar yra orkaitėje, paruoškite saldų glajų. Į maišymo dubenį supilkite medų (arba klevų sirupą), apelsinų uogienę, tarkuotą imbierą, sezamo aliejų ir garstyčias.
e) Atsargiai išimkite kepimo skardą iš orkaitės ir paskleiskite daržoves į šoną, kad atsirastų vietos žuviai.
f) Lašišą lengvai pagardinkite druska ir pipirais.
g) Į kepimo formos vidurį sudėkite lašišos filė ir lašišą bei daržoves užpilkite saldžiu glaistu.

h) Grąžinkite keptuvę į orkaitę ir kepkite dar 8-10 minučių arba kol lašiša suminkštės.

i) Lašišą, saldžiąsias bulves ir brokolius perkelkite į puikų lėkštę. Papuoškite sezamo sėklomis ir laiškiniais svogūnais.

71. Kepta lašiša su juodųjų pupelių padažu

Porcijos: 4 porcijos

Ingridientai

- 4 lašišos filė, pašalinta oda ir smeigtuko kaulai
- 3 šaukštai juodųjų pupelių padažo arba juodųjų pupelių česnako padažo
- ½ puodelio vištienos sultinio (arba daržovių sultinio kaip sveikesnio pakaitalo)
- 3 valgomieji šaukštai česnako, malto
- 1 1 colio šviežio imbiero gumbelis, tarkuotas
- 2 šaukštai šerio arba sake (arba bet kokio kulinarinio vyno)
- 1 valgomasis šaukštas citrinos sulčių, šviežiai spaustų
- 1 valgomasis šaukštas žuvies padažo
- 2 šaukštai rudojo cukraus
- ½ arbatinio šaukštelio raudonųjų čili dribsnių
- Švieži kalendros lapai, smulkiai pjaustyti
- Vasarinis svogūnas kaip garnyras

Nurodymai:

a) Didelę kepimo formą ištepkite riebalais arba išklokite ją kepimo popieriumi. Įkaitinkite orkaitę iki 350 F.

b) Vidutiniame dubenyje sumaišykite vištienos sultinį ir juodųjų pupelių padažą. Įpilkite malto česnako, tarkuoto imbiero, šerio, citrinos sulčių, žuvies padažo, rudojo cukraus ir čili dribsnių. Kruopščiai sumaišykite, kol rudasis cukrus visiškai ištirps.

c) Lašišos filė užpilkite juodųjų pupelių padažu ir bent 15 minučių leiskite lašišai visiškai susigerti juodųjų pupelių mišiniu.

d) Lašišą perkelkite į kepimo indą. Virkite 15-20 minučių. Stebėkite, kad lašiša per daug neišdžiūtų orkaitėje.

e) Patiekite su kapotomis kalendromis ir laiškiniais svogūnais.

72. Paprika ant grotelių kepta lašiša su špinatais

Porcijos: 6 porcijos

Ingridientai

- 6 rožinės lašišos filė, 1 colio storio
- ¼ puodelio apelsinų sulčių, šviežiai spaustų
- 3 arbatiniai šaukšteliai džiovintų čiobrelių
- 3 šaukštai aukščiausios kokybės pirmojo spaudimo alyvuogių aliejaus
- 3 arbatiniai šaukšteliai saldžiosios paprikos miltelių
- 1 arbatinis šaukštelis cinamono miltelių
- 1 valgomasis šaukštas rudojo cukraus
- 3 puodeliai špinatų lapų
- Druska ir pipirai pagal skonį

Nurodymai:

a) Kiekvieną lašišos filė pusę lengvai aptepkite alyvuogėmis, tada pagardinkite paprikos milteliais, druska ir pipirais. Atidėkite 30 minučių kambario temperatūroje. Leisdami lašišai susigerti paprikos trinčiai.

b) Nedideliame dubenyje sumaišykite apelsinų sultis, džiovintus čiobrelius, cinamono miltelius ir rudąjį cukrų.

c) Įkaitinkite orkaitę iki 400 F. Lašišą perkelkite į folija išklotą kepimo skardą. Lašišą užpilkite marinatu. Lašišą kepkite 15-20 minučių.

d) Į didelę keptuvę įpilkite arbatinius šaukštelius aukščiausios kokybės pirmojo spaudimo alyvuogių aliejaus ir kepkite špinatus apie kelias minutes arba kol suvys.

e) Iškeptą lašišą patiekite su špinatais prie šono.

73. Lašiša Teriyaki su daržovėmis

Porcijos: 4 porcijos

Ingridientai

- 4 lašišos filė, pašalinta oda ir smeigtuko kaulai
- 1 didelė saldžioji bulvė (arba tiesiog bulvė), supjaustyta kąsnio dydžio gabalėliais
- 1 didelė morka, supjaustyta kąsnio dydžio gabalėliais
- 1 didelis baltas svogūnas, supjaustytas griežinėliais
- 3 didelės paprikos (žalios, raudonos ir geltonos), susmulkintos
- 2 stiklinės brokolių žiedynų (galima pakeisti šparagais)
- 2 šaukštai aukščiausios kokybės pirmojo spaudimo alyvuogių aliejaus
- Druska ir pipirai pagal skonį
- Laikiniai svogūnai, smulkiai pjaustyti
- Teriyaki padažas
- 1 puodelis vandens
- 3 šaukštai sojų padažo
- 1 valgomasis šaukštas česnako, malto

- 3 šaukštai rudojo cukraus
- 2 šaukštai gryno medaus
- 2 valgomieji šaukštai kukurūzų krakmolo (ištirpsta 3 šaukštuose vandens)
- ½ valgomojo šaukšto skrudintų sezamo sėklų

Nurodymai:

a) Nedidelėje keptuvėje ant silpnos ugnies išplakite sojos padažą, imbierą, česnaką, cukrų, medų ir vandenį. Nuolat maišykite, kol mišinys lėtai užvirs. Įmaišykite kukurūzų krakmolo vandenį ir palaukite, kol mišinys sutirštės. Suberkite sezamo sėklas ir atidėkite.

b) Didelę kepimo formą ištepkite nesūdytu sviestu arba kepimo purškalu. Įkaitinkite orkaitę iki 400 F.

c) Į didelį dubenį supilkite visas daržoves ir apšlakstykite alyvuogių aliejumi. Gerai išmaišykite, kol daržovės gerai pasidengs aliejumi. Pagardinkite šviežiai maltais pipirais ir trupučiu druskos. Perkelkite daržoves į kepimo indą. Išbarstykite daržoves į šonus ir palikite šiek tiek vietos kepimo formos centre.

d) Lašišą dėkite į kepimo formos centrą. 2/3 teriyaki padažo supilkite į daržoves ir lašišą.
e) Lašišą kepkite 15-20 minučių.
f) Iškeptą lašišą ir pakepintas daržoves perkelkite į gražią lėkštę. Supilkite likusį teriyaki padažą ir papuoškite smulkintais svogūnais.

74. Azijietiška lašiša su makaronais

Porcijos: 4 porcijos

Ingridientai

Lašiša

- 4 lašišos filė, nuimta oda
- 2 valgomieji šaukštai skrudintų sezamų aliejaus
- 2 šaukštai gryno medaus
- 3 šaukštai šviesaus sojų padažo
- 2 valgomieji šaukštai baltojo acto
- 2 valgomieji šaukštai česnako, malto
- 2 valgomieji šaukštai šviežio imbiero, tarkuoto
- 1 arbatinis šaukštelis skrudintų sezamo sėklų
- Papuošimui susmulkintas svogūnas

Ryžių makaronai

- 1 pakelis azijietiškų ryžių makaronų

Padažas

- 2 šaukštai žuvies padažo
- 3 šaukštai laimo sulčių, šviežiai spaustų
- Čili dribsniai

Nurodymai:

a) Lašišos marinatui sumaišykite sezamo aliejų, sojų padažą, actą, medų, maltą česnaką ir sezamo sėklas. Supilkite į lašišą ir leiskite žuviai pasimarinuoti 10-15 minučių.

b) Lašišą dėkite į kepimo indą, kuris lengvai pateptas alyvuogių aliejumi. Kepkite 10-15 minučių 420 F temperatūroje.

c) Kol lašiša yra orkaitėje, išvirkite ryžių makaronus pagal pakuotės nurodymus. Gerai nusausinkite ir supilkite į atskirus dubenėlius.

d) Sumaišykite žuvies padažą, laimo sultis ir čili dribsnius ir supilkite į ryžių makaronus.

e) Ant kiekvieno makaronų dubenėlio užpilkite ką tik iškeptos lašišos filė. Papuoškite laiškiniais svogūnais ir sezamo sėklomis.

75. Kepta lašiša pomidorų česnako sultinyje

Tarnauja 4

Ingridientai

- 8 skiltelės česnako
- askaloniniai česnakai
- šaukštelių aukščiausios kokybės pirmojo spaudimo alyvuogių aliejaus
- 5 prinokę pomidorai
- 1 1/2 puodelio sauso baltojo vyno
- 1 puodelis vandens
- 8 šakelės čiobrelių 1/4 arbatinio šaukštelio jūros druskos
- 1/4 arbatinio šaukštelio šviežių juodųjų pipirų
- 4 Copper River Sockeye lašišos filė baltųjų triufelių aliejus (nebūtina)

Kryptys

a) Nulupkite ir smulkiai supjaustykite česnako skilteles ir askaloninius česnakus. Į didelį troškintuvą arba keptuvę su dangčiu sudėkite alyvuogių aliejų, česnaką ir askaloninius česnakus. Prakaituokite ant vidutinės-mažos ugnies, kol suminkštės, apie 3 minutes.

b) Į keptuvę sudėkite pomidorus, vyną, vandenį, čiobrelius, druską, pipirus ir užvirinkite. Kai užvirs, sumažinkite ugnį iki ugnies ir uždenkite.

c) Troškinkite 25 minutes, kol pomidorai sprogs ir išskirs sultis. Mediniu šaukštu ar mentele sutrinkite pomidorus į minkštimą. Troškinkite neuždengę dar 5 minutes, kol sultinys šiek tiek sumažės.

d) Kol sultinys dar verda, į sultinį įdėkite lašišą. Uždenkite ir troškinkite tik 5–6 minutes, kol žuvis lengvai susisluoksniuos. Padėkite žuvį ant lėkštės ir atidėkite. Įdėkite koštuvą į didelį dubenį ir supilkite likusį sultinį į koštuvą. Sultinį nukoškite, išmesdami likusias kietąsias medžiagas. Paragaukite sultinio ir, jei reikia, įberkite druskos ir pipirų.

e) Paprasta sviestinė bulvių košė ar net keptos bulvės yra geras šio patiekalo priedas. Tada uždėkite troškintus šparagus ir troškintą lašišą.

f) Nukoštą sultinį užpilkite aplink lašišą. Jei norite, įpilkite šlakelį baltojo triufelio aliejaus. Tarnauti.

76. Iškepta lašiša

Ingridientai

- Mažos lašišos filė, maždaug 6 uncijos

Kryptys

a) Į nedidelę 5-6 colių keptuvę supilkite maždaug pusę colio vandens, uždengdami ją, kaitindami vandenį, kad užvirtų, tada keturias minutes sudėkite filė uždengtą.

b) Į lašišą arba į vandenį dėkite bet kokius mėgstamus prieskonius.

c) Keturios minutės palieka centrą nevirtą ir labai sultingą.

d) Leiskite filė šiek tiek atvėsti ir supjaustykite ją pusantro colio pločio gabalėliais.

e) Įpilkite į salotas, įskaitant salotas (bet kokias), gerus pomidorus, puikų prinokusį avokadą, raudonąjį svogūną, skrebučius ir bet kokį skanų padažą.

77. Virta lašiša su žaliąja žolele salsa

Porcijos: 4 porcijos

Ingridientai

- 3 puodeliai vandens
- 4 žaliosios arbatos pakeliai
- 2 didelės lašišos filė (kiekviena apie 350 gramų)
- 4 šaukštai aukščiausios kokybės pirmojo spaudimo alyvuogių aliejaus
- 3 šaukštai citrinos sulčių, šviežiai spaustų
- 2 valgomieji šaukštai petražolių, šviežiai pjaustytų
- 2 valgomieji šaukštai baziliko, šviežiai pjaustytų
- 2 valgomieji šaukštai raudonėlio, šviežiai pjaustytų
- 2 valgomieji šaukštai azijietiškų česnakų, šviežiai pjaustytų
- 2 arbatiniai šaukšteliai čiobrelių lapelių
- 2 arbatiniai šaukšteliai česnako, susmulkinti

Nurodymai:

a) Dideliame puode užvirinkite vandenį. Įdėkite žaliosios arbatos maišelius, tada nukelkite nuo ugnies.
b) Leiskite arbatos maišeliams išbrinkti 3 minutes. Ištraukite arbatos maišelius iš puodo ir užvirinkite arbata užpiltą vandenį. Sudėkite lašišą ir sumažinkite ugnį.
c) Troškinkite lašišos filė, kol vidurinė dalis taps nepermatoma. Lašišą kepkite 5–8 minutes arba kol visiškai iškeps.
d) Išimkite lašišą iš puodo ir atidėkite į šalį.
e) Į trintuvą arba virtuvinį kombainą supilkite visas šviežiai pjaustytas žoleles, alyvuogių aliejų ir citrinos sultis. Gerai išmaišykite, kol mišinys pasidarys vientisa pasta. Tešlą pagardinkite druska ir pipirais. Jei reikia, galite pakoreguoti prieskonius.
f) Patiekite keptą lašišą ant didelės lėkštės ir ant viršaus uždėkite šviežių žolelių pasta.

78. Šaltai troškintos lašišos salotos

Išeiga: 2 porcijos

Ingridientai

- 1 valgomasis šaukštas kapotų salierų
- 1 valgomasis šaukštas pjaustytų morkų
- 2 šaukštai grubiai pjaustytų svogūnų
- 2 puodeliai vandens
- 1 puodelis baltojo vyno
- 1 lauro lapas
- $1\frac{1}{2}$ šaukštelio druskos
- 1 citrina; perpjauti pusiau
- 2 petražolių šakelės
- 5 juodųjų pipirų žirneliai
- 9 uncijų centre supjaustyta lašišos filė
- 4 puodeliai kūdikių špinatų; išvalytas
- 1 valgomasis šaukštas citrinos sulčių
- 1 arbatinis šaukštelis susmulkintos citrinos žievelės
- 2 šaukštai smulkintų šviežių krapų

- 2 šaukštai kapotų šviežių petražolių
- ½ puodelio alyvuogių aliejaus
- 1½ arbatinio šaukštelio kapotų askaloninių česnakų
- 1 druskos; paragauti
- 1 šviežiai maltų juodųjų pipirų; paragauti

Kryptys

a) Į negilią keptuvę sudėkite salierą, morkas, svogūnus, vyną, vandenį, lauro lapą, druską, citriną, petražoles ir pipirų žirnelius. Užvirinkite, sumažinkite ugnį ir atsargiai suberkite lašišos gabalėlius į verdantį skystį, uždenkite ir troškinkite 4 minutes. Tuo tarpu pasigaminkite marinatą.

b) Dubenyje sumaišykite citrinos sultis, žievelę, krapus, petražoles, alyvuogių aliejų, askaloninius česnakus, druską ir pipirus. Supilkite marinatą į nereaguojančią keptuvę ar indą plokščiu dugnu ir tiek vietos, kad pakaktų iškepusi lašiša. Dabar išimkite lašišą iš keptuvės ir sudėkite į marinatą. Leiskite atvėsti 1 valandą.

c) Špinatus įpilkite šiek tiek marinato ir pagardinkite druska bei pipirais ir padalinkite į dvi lėkštes. Naudodami plyštą mentele, ant špinatų uždėkite lašišą.

79. Kepta lašiša su lipniais ryžiais

Išeiga: 1 porcija

Ingridientai

- 5 puodeliai alyvuogių aliejaus
- 2 imbiero galvutės; sudaužė
- 1 česnako galvutė; sudaužė
- 1 krūva laiškinių svogūnų; susmulkinta
- 4 gabaliukai lašišos; (6 uncijos)
- 2 puodeliai japoniškų ryžių; garuose
- $\frac{3}{4}$ puodelio Mirin
- 2 laiškiniai svogūnai; susmulkinta
- $\frac{1}{2}$ puodelio džiovintų vyšnių
- $\frac{1}{2}$ puodelio džiovintų mėlynių
- 1 lapas nori; subyrėjo
- $\frac{1}{2}$ stiklinės citrinos sulčių
- $\frac{1}{2}$ puodelio žuvies sultinio
- $\frac{1}{4}$ puodelio ledinio vyno
- $\frac{3}{4}$ puodelio vynuogių kauliukų aliejaus

- ½ puodelio ore džiovintų kukurūzų

Kryptys

a) Puode įkaitinkite alyvuogių aliejų iki 160 laipsnių. Sudėkite susmulkintą imbierą, česnaką ir svogūnus. Mišinį nukelkite nuo ugnies ir palikite infuzuoti 2 valandas. Padermė.

b) Garinkite ryžius ir pagardinkite mirinu. Atvėsusį įmaišyti susmulkintus laiškinius svogūnus, džiovintus puode. Įkaitinkite alyvuogių aliejų iki 160 laipsnių. Sudėkite susmulkintą imbierą, česnaką ir svogūnus. Paimkite uogas ir jūros dumblius.

c) Norėdami paruošti padažą, užvirinkite citrinos sultis, žuvies sultinį ir ledinį vyną. Nukelkite nuo ugnies ir įmaišykite vynuogių kauliukų aliejų. Pagardinkite druska ir pipirais.

d) Norėdami brakonieriauti žuvį, giliame puode įkaitinkite brakonieriavimo aliejų iki maždaug 160 laipsnių. Lašišą pagardinkite druska, pipirais ir visą žuvies gabalėlį švelniai panardinkite į aliejų. Leiskite švelniai virti maždaug 5 minutes arba kol pasidarys reta-vidutinė.

e) Kol žuvis kepa, į lėkštę išdėliokite ryžių salotas ir apšlakstykite citrinų padažu. Iškeptą žuvį sudėkite ant ryžių salotų, kai jos bus iškeptos.

80. Citrusinė lašišos filė

Aptarnauja 4 žmones

Ingridientai

- ¾ kg Šviežios lašišos filė
- 2 šaukštai Manuka skonio arba paprasto medaus
- 1 valgomasis šaukštas Šviežiai spaustų laimo sulčių
- 1 valgomasis šaukštas Šviežiai spaustų apelsinų sulčių
- ½ šaukšto laimo žievelės
- ½ šaukšto apelsino žievelės
- ½ žiupsnelio druskos ir pipirų
- ½ laimo griežinėliais
- ½ griežinėliais supjaustyto apelsino
- ½ saujos šviežių čiobrelių ir mikrožolės

Kryptys

a) Naudokite apie 1,5 kg + šviežia karališkosios lašišos filė, su oda, be kaulų.
b) Įpilkite apelsino, laimo, medaus, druskos, pipirų ir žievelės – gerai išmaišykite
c) Likus pusvalandžiui iki kepimo, aptepkite filė konditeriniu šepetėliu ir skystu citrusiniu vaisiumi.
d) Smulkiai supjaustykite apelsiną ir laimus
e) Kepkite 190 laipsnių temperatūroje 30 minučių, tada patikrinkite. Gali prireikti dar 5 minučių, priklausomai nuo to, kaip mėgstate lašišą.
f) Išimkite iš orkaitės ir pabarstykite šviežiais čiobreliais ir mikro žolelėmis

81. Lašišos lazanija

Aptarnauja 4 žmones

Ingridientai

- 2/3 dalis Pieno brakonieriavimui
- 2/3 gramų virtų lazanijos lakštų
- 2/3 puodelio šviežių krapų
- 2/3 puodelio žirnių
- 2/3 puodelio (-ų) parmezano
- 2/3 Mocarelos kamuolys
- 2/3 padažo
- 2/3 maišelio kūdikių špinatų
- 2/3 puodelio (-ių) grietinėlės
- 2/3 arbatinio šaukštelio (-ių) Muskato riešutas

Kryptys

a) Pirmiausia pasigaminkite bešamelio ir špinatų padažus ir iškepkite lašišą. Bešamelio padažui mažame puode ištirpinkite sviestą. Įmaišykite miltus ir nuolat maišydami kepkite keletą minučių, kol suputos.

b) Visą laiką plakdami palaipsniui įpilkite šilto pieno, kol padažas taps vientisas. Švelniai užvirkite, nuolat maišydami, kol padažas sutirštės. Pagal skonį pagardinkite druska ir pipirais.

c) Norėdami pagaminti špinatų padažą, supjaustykite ir nuplaukite špinatus. Kai vanduo vis dar prilimpa prie lapų, sudėkite špinatus į didelį puodą, uždenkite dangčiu ir švelniai troškinkite, kol lapai tiesiog suvys.

d) Nusausinkite ir išspauskite vandens perteklių. Perkelkite špinatus į trintuvą arba virtuvinį kombainą, įpilkite grietinėlės ir muskato riešuto. Sumaišykite, tada pagardinkite druska ir pipirais.

e) Įkaitinkite orkaitę iki 180°C. Didelę kepimo formą ištepkite riebalais. Švelniai pakepinkite lašišą piene, kol iškeps, tada supjaustykite tinkamo dydžio gabalėliais. Išmeskite pieną.

f) Kepimo indo dugną plonai uždenkite 1 puodeliu bešamelio padažo.

g) Ant padažo užtepkite persidengiantį lazanijos lakštų sluoksnį, tada užtepkite ant špinatų padažo sluoksnio ir tolygiai uždėkite pusę lašišos gabalėlių. Pabarstykite trupučiu smulkintų krapų. Įdėkite dar vieną lazanijos sluoksnį, tada įdėkite sluoksnį bešamelio padažo ir pabarstykite jį žirneliais, kad padengtumėte grubų sluoksnį.

h) Dar kartą pakartokite sluoksnius, taigi jos lazanija, špinatai ir lašiša, krapai, lazanija, bešamelio padažas ir tada žirniai. Užbaikite su paskutiniu lazanijos sluoksniu, tada plonu sluoksniu bešamelio padažo. Ant viršaus uždėkite tarkuoto parmezano sūrio ir šviežios mocarelos gabalėlių.

i) Kepkite lazaniją 30 minučių arba kol įkaista ir

82. Teriyaki lašišos filė

Aptarnauja 4 žmones

Ingridientai

- 140 gramų 2 x dvyniai Regal 140g Šviežios lašišos porcijos
- 1 stiklinė (-ių) smulkaus cukraus
- 60 ml sojos padažo
- 60 ml mirin prieskonių
- 60 ml mirin prieskonių
- 1 pakelis ekologiškų udon makaronų

Kryptys

a) Marinuokite 4 x 140 g Fresh Regal lašišos gabaliukus, naudodami cukraus pudrą, sojų padažą, mirin padažą, gerai sumaišykite visus 3 ingredientus ir palikite ant lašišos 30 minučių.

b) Užvirinkite vandenį ir suberkite ekologiškus udon makaronus ir leiskite jiems greitai virti 10 minučių.

c) Smulkiai supjaustykite askaloninius česnakus ir atidėkite į šalį.

d) Lašišos filė porcijas kepkite keptuvėje ant vidutinės ar stiprios ugnies 5 minutes, tada apverskite iš vienos pusės į kitą, užpildami papildomu padažu.

e) Kai makaronai bus paruošti, paskleiskite ant lėkštės, uždėkite lašišos

83. Traškios odos lašiša su kaparėlių padažu

Aptarnauja 4 žmones

Ingridientai

- 4 šviežios NZ lašišos filė 140 g porcijos
- 200 ml aukščiausios kokybės alyvuogių aliejaus
- 160 ml baltojo balzamiko acto
- 2 česnako skiltelės susmulkintos
- 4 šaukštai kaparėlių susmulkinti
- 4 šaukštai kapotų petražolių
- 2 šaukštai kapotų krapų

Kryptys

a) Lašišos filė aptepkite 20 ml alyvuogių aliejaus ir pagardinkite druska ir pipirais.

b) Kepkite ant stiprios ugnies, naudodami nepridegančią keptuvę 5 minutes, apversdami iš viršaus į apačią ir iš vienos pusės į kitą.

c) Likusius ingredientus sudėkite į dubenį ir išplakite, tai yra jūsų padažas, kai lašiša iškeps, užpilkite padažu ant filė, oda į viršų.

d) Patiekite su kriaušių, graikinių riešutų, halloumi ir raketų salotomis

84. Lašišos filė su ikrais

Aptarnauja 4 žmones

Ingridientai

- 1 arbatinis šaukštelis druskos
- 1 laimo skiltelės
- 10 askaloninių česnakų (svogūnų) nulupti
- 2 šaukštai sojų aliejaus (papildomas valymui)
- 250 gramų vyšninių pomidorų per pusę
- 1 mažas žalias čili, supjaustytas plonais griežinėliais
- 4 šaukštai laimo sulčių
- 3 šaukštai žuvies padažo
- 1 valgomasis šaukštas cukraus
- 1 sauja kalendros šakelių
- 1 1/2 kg šviežios lašišos filė s/on b/out
- 1 stiklainis lašišos ikrų (ikrų)

- 3/4 agurkų, nuluptų, perpjautų per pusę, be sėklų ir plonais griežinėliais

Kryptys

a) Įkaitinkite orkaitę iki 200 laipsnių, bet supjaustykite griežinėliais agurką keraminiame dubenyje, su druska, palikite 30 minučių, kad marinuotųsi.

b) Askaloninius česnakus sudėkite į nedidelį kepimo indą, supilkite sojų aliejų, gerai išmaišykite ir pašaukite į orkaitę 30 minučių, kol suminkštės ir gražiai apskrus.

c) Išimkite iš orkaitės ir atidėkite atvėsti, tuo tarpu sūdytą agurką gerai nuplaukite po dideliu šaltu tekančiu vandeniu, tada išspauskite saujomis sausą ir sudėkite į dubenį.

d) Orkaitės groteles įkaitinkite iki labai karštų, askaloninius česnakus perpjaukite per pusę ir suberkite į agurką.

e) Sudėkite pomidorus, čili, žaliosios citrinos sultis, žuvies padažą, cukrų, kalendros šakeles ir sezamo aliejų ir gerai išmaišykite.

f) Paragaukite – jei reikia saldumyną pakoreguokite, su cukrumi ir laimo sultimis – atidėkite.

g) Lašišą dėkite ant aliejumi patepto kepimo popieriaus, jos viršų aptepkite sojų aliejumi, pagardinkite druska ir pipirais, padėkite po grotelėmis 10 minučių arba kol iškeps ir lengvai apskrus.

h) Išimkite iš orkaitės, padėkite ant lėkštės, pabarstykite pomidorų ir agurkų mišiniu ir šaukštais lašišos ikrų.

i) Patiekite su laimo skiltelėmis ir ryžiais

85. Ant ančiuvių kepti lašišos kepsniai

Išeiga: 4 porcijos

Ingredientas

- 4 lašišos kepsniai
- Petražolių šakelės
- Citrinos skiltelės --- ančiuvių sviestas -----
- 6 ančiuvių filė
- 2 šaukštai Pieno
- 6 šaukštai sviesto
- 1 lašas Tabasco padažo
- Pipirai

Kryptys

a) Iš anksto įkaitinkite grilį iki stiprios ugnies. Sutepkite grilio groteles aliejumi ir sudėkite kiekvieną kepsnį, kad užtikrintumėte tolygų karštį. Ant kiekvieno kepsnio uždėkite po nedidelį gabalėlį ančiuvių sviesto (ketvirtį mišinio padalinkite į keturis). Kepkite ant grotelių 4 minutes.

b) Kepsnius apverskite žuvies skiltele ir dar ketvirtadalį sviesto išdėliokite tarp kepsnių. Kepkite ant grotelių antroje pusėje 4 minutes. Sumažinkite ugnį ir leiskite kepti dar 3 minutes, jei kepsniai ploni, mažiau.

c) Patiekite ant kiekvieno kepsnio su dailiai išdėliotu ančiuvių sviesto gabalėliu.

d) Papuoškite petražolių šakelėmis ir citrinos skiltelėmis.

e) Ančiuvių sviestas: visas ančiuvių filė pamirkykite piene. Sutrinkite dubenyje mediniu šaukštu iki kreminės masės. Sumaišykite visus ingredientus ir atvėsinkite.

f) Tarnauja 4.

86. BBQ dūmuose kepta lašiša

Išeiga: 4 porcijos

Ingredientas

- 1 arbatinis šaukštelis tarkuotos laimo žievelės
- ¼ puodelio laimo sulčių
- 1 valgomasis šaukštas Augalinis aliejus
- 1 arbatinis šaukštelis Dižono garstyčių
- 1 žiupsnelis pipirų
- 4 lašišos kepsniai, 1 colio storio [1-1/2 svaro]
- ⅓ puodelis Skrudintos sezamo sėklos

Kryptys

a) Sekliame inde sumaišykite laimo žievelę ir sultis, aliejų, garstyčias ir pipirus; pridėti žuvies, paversti kailiu. Uždenkite ir marinuokite kambario temperatūroje 30 minučių, retkarčiais apversdami.

b) Rezervuokite marinatą, išimkite žuvį; pabarstykite sezamo sėklomis. Dėkite ant riebalais išteptų grotelių tiesiai ant vidutinės ugnies. Sudėkite išmirkytas medžio drožles.

c) Uždenkite ir kepkite, apversdami ir aptepdami marinatu įpusėjus, 16-20 minučių arba tol, kol bandant šakute žuvis lengvai suskils.

87. Ant grotelių kepta lašiša ir juodosios pupelės

Išeiga: 4 porcijos

Ingredientas

- ½ svaro juodųjų pupelių; permirkęs
- 1 mažas svogūnas; susmulkinti
- 1 maža morka
- ½ salierų šonkaulio
- 2 uncijos kumpio; susmulkinti
- 2 Jalapeno pipirų; stiebais ir kubeliais
- 1 skiltelė česnako
- 1 lauro lapas; surištas kartu su
- 3 čiobrelių šakelės
- 5 puodeliai Vandens
- 2 skiltelės česnako; malta
- ½ arbatinio šaukštelio aitriųjų pipirų dribsnių
- ½ citrinos; sultys

- 1 citrina; sultys

- ⅓ puodelis Alyvuogių aliejaus

- 2 šaukštai šviežio baziliko; susmulkinti

- 24 uncijų lašišos kepsniai

Kryptys

a) Dideliame puode sumaišykite pupeles, svogūną, morką, salierą, kumpį, jalapenos, visą česnako skiltelę, lauro lapą su čiobreliais ir vandenį. Troškinkite, kol pupelės suminkštės, maždaug 2 valandas, prireikus įpilkite vandens, kad pupelės būtų apsemtos.

b) Išimkite morką, salierą, žoleles ir česnaką, o likusį kepimo skystį nupilkite. Sumaišykite pupeles su smulkintu česnaku, aitriosios paprikos dribsniais ir ½ citrinos sultimis. Atidėti.

c) Kol pupelės verda, sumaišykite visos citrinos sultis, alyvuogių aliejų ir baziliko lapelius. Supilkite ant lašišos kepsnių ir šaldykite 1 valandą. Lašišą kepkite ant vidutiniškai stiprios ugnies 4–5 minutes iš kiekvienos pusės, kas minutę aptepdami marinatu. Kiekvieną kepsnį patiekite su porcija pupelių.

88. Ant grotelių kepta Aliaskos lašiša

Išeiga: 4 porcijos

Ingredientas

- 4 6 uncijos. lašišos kepsniai
- ¼ puodelio žemės riešutų aliejaus
- 2 šaukštai sojos padažo
- 2 šaukštai balzamiko acto
- 2 šaukštai kapotų laiškinių svogūnų
- 1½ arbatinio šaukštelio rudojo cukraus
- 1 skiltelė česnako, susmulkinta
- ¾ arbatinio šaukštelio tarkuotos šviežios imbiero šaknies
- ½ arbatinio šaukštelio raudonųjų čili dribsnių ar daugiau
- Skonis
- ½ arbatinio šaukštelio sezamo aliejaus
- ⅛ arbatinio šaukštelio druskos

Kryptys

a) Lašišos kepsnius sudėkite į stiklinį indą. Likusius ingredientus išplakite ir užpilkite ant lašišos.

b) Uždenkite plastikine plėvele ir marinuokite šaldytuve 4–6 valandas. Įkaitinkite grilį. Išimkite lašišą iš marinato, kepsninę patepkite aliejumi ir dėkite lašišą ant grotelių.

c) Kepkite ant vidutinės ugnies 10 minučių viename colyje storio, matuojant storiausioje vietoje, apverčiant įpusėjus kepimui arba tol, kol bandant šakute žuvis tiesiog suskils.

89. Greitai kepta lašiša

Išeiga: 1 porcija

Ingredientas

- 3 uncijos lašišos
- 1 valgomasis šaukštas alyvuogių aliejaus
- ½ citrinos; sultys iš
- 1 arbatinis šaukštelis česnako
- 1 arbatinis šaukštelis petražolių
- 1 arbatinis šaukštelis Šviežiai maltų pipirų
- 1 valgomasis šaukštas sojos padažo
- 1 valgomasis šaukštas klevų sirupo
- 4 Kiaušinių tryniai
- ¼ pintos žuvies sultinio
- ¼ pintos baltojo vyno
- 125 mililitrai dviguba grietinėlė
- Žirniai

- Petražolės

Kryptys

a) Smulkiai supjaustykite lašišą ir sudėkite į indą su alyvuogių aliejumi, klevų sirupu, sojos padažu, pipirais ir citrinos sultimis 10-20 minučių.

b) Sabayon: išplakite kiaušinius ant bain marie. Keptuvėje sumažinkite baltojo vyno ir žuvies sultinio kiekį. Supilkite mišinį į kiaušinių baltymus ir išplakite. Įpilkite grietinėlės, vis dar plakdami.

c) Ant serviravimo lėkštės sudėkite plonus lašišos griežinėlius ir pabarstykite šiek tiek sabajono. Padėkite po grotelėmis tik 2-3 minutėms.

d) Išimkite ir nedelsdami patiekite apibarstę laiškiniais česnakais ir petražolėmis.

90. Ant grotelių keptos lašišos ir kalmarų rašalo makaronai

Išeiga: 1 porcija

Ingredientas

- 4 200 g; (7-8oz) lašišos filė gabaliukai
- Druskos ir pipirų
- 20 mililitrų augalinis aliejus; (3/4 uncijos)
- Alyvuogių aliejus kepimui
- 3 Smulkiai sukapotos česnako skiltelės
- 3 Smulkiai pjaustyti pomidorai
- 1 Smulkiai pjaustytas svogūnas
- Prieskoniai
- 1 brokolis

Kryptys

a) Makaronai: galite nusipirkti kalmarų rašalo paketėlių iš gero žuvies pardavėjo ... arba naudoti savo mėgstamus makaronus

b) Iš anksto įkaitinkite orkaitę iki 240°C/475°F/dujų žymės 9.

c) Lašišos filė gabaliukus pagardinkite druska ir pipirais. Įkaitinkite nepridegančią keptuvę, tada įpilkite aliejaus. Įdėkite lašišą į keptuvę ir kepkite iš abiejų pusių po 30 sekundžių.

d) Perkelkite žuvį į kepimo skardą, tada kepkite 6-8 minutes, kol žuvis susitrauks, bet centre vis tiek bus šiek tiek rausvos spalvos. Leiskite pailsėti 2 minutes.

e) Perkelkite žuvį į šiltas lėkštes ir užpilkite padažu.

f) Virkite brokolius su makaronais apie 5 minutes.

g) Į keptuvę supilkite šiek tiek aliejaus, suberkite česnaką, pomidorus ir svogūnus. Kepkite ant silpnos ugnies 5 minutes, paskutinę minutę suberkite brokolius.

91. Lašiša su keptais svogūnais

GAMINA 8-10 PORCIJŲ

Ingridientai

- 2 puodeliai kietmedžio drožlių, mirkytų vandenyje
- 1 didelė šoninė išauginta norvegiška lašiša (apie 3 svarus), pašalinti smeigtukų kaulai
- 3 puodeliai Smoking Brine, pagaminti su degtine
- ¾ puodelio rūkymo įtrinkite
- 1 valgomasis šaukštas džiovintų krapų piktžolių
- 1 arbatinis šaukštelis svogūnų miltelių
- 2 dideli raudoni svogūnai, supjaustyti colio storio apskritimais
- ¾ puodelio aukščiausios kokybės pirmojo spaudimo alyvuogių aliejaus 1 krūva šviežių krapų
- Smulkiai nutarkuota 1 citrinos žievelė 1 česnako skiltelė, susmulkinta
- Stambios druskos ir maltų juodųjų pipirų

Kryptys

a) Įdėkite lašišą į didžiulį (2 galonų) maišelį su užtrauktuku. Jei turite tik 1 galono maišus, perpjaukite žuvį per pusę ir naudokite du maišus. Į maišelį (-ius) įpilkite sūrymo, išspauskite orą ir sandariai uždarykite. Šaldykite 3-4 valandas.

b) Viską, išskyrus 1 šaukštą, sumaišykite su džiovintais krapais ir svogūnų milteliais ir atidėkite. Svogūnų griežinėlius pamirkykite lediniame vandenyje. Įkaitinkite grilį netiesiogiai žemai, maždaug 225 iF, su dūmais. Nusausinkite medžio drožles ir sudėkite ant grotelių.

c) Išimkite lašišą iš sūrymo ir nusausinkite popieriniais rankšluosčiais. Išmeskite sūrymą. Žuvį aptepkite 1 valgomuoju šaukštu aliejaus, o mėsingą pusę apšlakstykite džiūvusiais krapais.

d) Svogūnus iškelkite iš ledinio vandens ir nusausinkite. Aptepkite 1 šaukštu aliejaus ir apšlakstykite likusiu 1 šaukštu įtrinti. Atidėkite žuvį ir svogūnus 15 minučių pailsėti.

e) Grilio groteles aptepkite šepečiu ir gerai įtrinkite aliejumi. Lašišą dėkite minkšta puse žemyn tiesiai ant ugnies ir kepkite ant grotelių 5 minutes, kol paviršius taps auksinės spalvos. Naudodami didelę žuvies mentelę arba dvi įprastas menteles, pasukite žuvį oda žemyn ir padėkite ant grotelių toliau nuo ugnies. Svogūnų griežinėlius dėkite tiesiai ant ugnies.
f) Uždarykite groteles ir kepkite, kol lašiša išorėje bus tvirta, bet ne sausa, o centre – elastinga, apie 25 minutes. Kai tai bus padaryta, švelniai paspaudus žuvį, per paviršių išgaruos drėgmė. Esant slėgiui, jis neturėtų visiškai susisluoksniuoti.
g) Kepimo metu svogūnus vieną kartą apverskite.

92. Kedro lentos lašiša

Porcija: 6

Ingridientai

- 1 neapdorota kedro lenta (apie 14" x 17" x 1/2")
- 1/2 puodelio itališko padažo
- 1/4 puodelio susmulkintos saulės-džiovinti pomidorai
- 1/4 puodelio susmulkinto šviežio baziliko
- 1 (2-svaro) lašišos filė (1 colio storio), pašalinta oda

Kryptys

a) Visiškai panardinkite kedro lentą į vandenį, ant viršaus uždėkite svarelį, kad jis būtų visiškai uždengtas. Mirkyti bent 1 val.

b) Įkaitinkite grilį iki vidutinės-didelis karštis.

c) Nedideliame dubenyje sumaišykite padažą, saulę-džiovinti pomidorai ir bazilikas; atidėti.

d) Išimkite lentą iš vandens. Padėkite lašišą ant lentos; padėkite ant grotelių ir uždarykite dangtį. Kepkite ant grotelių 10 minučių, tada aptepkite lašišą padažu. Uždarykite dangtį ir kepkite ant grotelių dar 10 minučių arba tol, kol lašiša lengvai susitrauks šakute.

93. Rūkyta česnakinė lašiša

Tarnauja 4

Ingridientai

- 1 1/2 svaro. lašišos filė
- druskos ir pipirų pagal skonį 3 česnako skiltelės, susmulkintos
- 1 šakelė šviežių krapų, susmulkinti 5 griežinėliai citrinos
- 5 šakelės šviežių krapų piktžolės
- 2 žali svogūnai, supjaustyti

Kryptys

a) Paruoškite rūkyklą iki 250° F.
b) Apipurkškite du didelius aliuminio folijos gabalėlius kepimo purškikliu.
c) Ant vieno folijos gabalo dėkite lašišos filė. Lašišą pabarstykite druska, pipirais, česnaku ir smulkintais krapais. Ant filė išdėliokite citrinos griežinėlius ir ant kiekvienos citrinos griežinėlio uždėkite po šakelę krapų. Pabarstykite filė žaliais svogūnais.
d) Rūkykite apie 45 minutes.

94. Ant grotelių kepta lašiša su šviežiais persikais

Porcijos: 6 porcijos

Ingridientai

- 6 lašišos filė, 1 colio storio
- 1 didelė skardinė pjaustytų persikų, lengvo sirupo veislės
- 2 šaukštai baltojo cukraus
- 2 šaukštai šviesaus sojų padažo
- 2 šaukštai Dižono garstyčių
- 2 Valgomieji šaukštai nesūdyto sviesto
- 1 1 colio šviežio imbiero gumbelis, tarkuotas
- 1 valgomasis šaukštas alyvuogių aliejaus, aukščiausios kokybės pirmojo spaudimo
- Druska ir pipirai pagal skonį
- Šviežiai pjaustyta kalendra

Nurodymai:

a) Supjaustytus persikus nusausinkite ir pasilikite apie 2 šaukštus šviesaus sirupo. Persikus supjaustykite kąsnio dydžio gabalėliais.

b) Lašišos filė sudėkite į didelę kepimo formą.

c) Į vidutinį puodą supilkite persikų sirupą, baltąjį cukrų, sojų padažą, Dižono garstyčias, sviestą, alyvuogių aliejų ir imbierą. Toliau maišykite ant silpnos ugnies, kol mišinys šiek tiek sutirštės. Įberkite druskos ir pipirų pagal skonį.

d) Išjunkite ugnį ir šepetėliu gausiai paskirstykite dalį mišinio ant lašišos filė.

e) Į puodą suberkite griežinėliais pjaustytus persikus ir gerai aptepkite glaistu. Glazūruotus persikus užpilkite ant lašišos ir tolygiai paskirstykite.

f) Kepkite lašišą maždaug 10–15 minučių 420 F temperatūroje. Atidžiai stebėkite lašišą, kad patiekalas nesudegtų.

g) Prieš patiekdami pabarstykite šiek tiek šviežiai pjaustytos kalendros.

95. Rūkyta lašiša ir grietinėlės sūris ant skrebučio

Porcijos: 5 porcijos

Ingridientai

- 8 prancūziško batono arba ruginės duonos riekelės
- ½ puodelio grietinėlės sūrio, suminkštinto
- 2 valgomieji šaukštai baltojo svogūno, plonais griežinėliais
- 1 puodelis rūkytos lašišos, supjaustytos griežinėliais
- ¼ puodelio sviesto, nesūdytos veislės
- ½ arbatinio šaukštelio itališkų prieskonių
- Krapų lapeliai, smulkiai supjaustyti
- Druska ir pipirai pagal skonį

Nurodymai:

a) Nedidelėje keptuvėje ištirpinkite sviestą ir palaipsniui suberkite itališkus prieskonius. Gautą mišinį paskleiskite į duonos riekeles.

b) Paskrudinkite juos keletą minučių duonos skrudintuvu.

c) Ant paskrudintos duonos užtepkite grietinėlės sūrio. Tada apibarstykite rūkyta lašiša ir plonais raudonojo svogūno griežinėliais. Kartokite procesą, kol bus panaudotos visos skrudintos duonos riekelės.

d) Perkelkite į serviravimo lėkštę ir ant viršaus papuoškite smulkiai pjaustytus krapų lapelius.

96. Imbiero grilyje keptos lašišos salotos

Išeiga: 4 porcijos

Ingridientai

- ¼ puodelio neriebaus paprasto jogurto
- 2 šaukštai Smulkiai supjaustyto šviežio imbiero
- 2 skiltelės česnako, smulkiai pjaustytos
- 2 šaukštai šviežių laimo sulčių
- 1 valgomasis šaukštas Šviežiai tarkuotos laimo žievelės
- 1 valgomasis šaukštas medaus
- 1 valgomasis šaukštas rapsų aliejaus
- ½ arbatinio šaukštelio druskos
- ½ arbatinio šaukštelio Šviežiai maltų juodųjų pipirų
- 1¼ svaro lašišos filė, 1 colio storio, supjaustyta į 4 dalis, nulupta oda, pašalinti kaulai
- Rėžiukų ir marinuoto imbiero salotos
- Laimo skiltelės papuošimui

Nurodymai:

a) Nedideliame dubenyje sumaišykite jogurtą, imbierą, česnaką, laimo sultis, laimo žievelę, medų, aliejų, druską ir pipirus.

b) Lašišą sudėkite į negilų stiklinį indą ir užpilkite marinatu, apversdami lašišą iš visų pusių. Uždenkite ir marinuokite šaldytuve 20–30 minučių, vieną ar du kartus apversdami.

c) Tuo tarpu paruoškite anglies ugnį arba įkaitinkite dujinį grilį. (Nenaudokite grilio keptuvės, lašiša prilips.) 3. Ilgo koto kepsninės šepetėliu patepkite kepsninės groteles aliejumi.

d) Lašišą odele į viršų dėkite ant grotelių. Virkite 5 minutes. Naudodami 2 metalines menteles atsargiai apverskite lašišos gabalėlius ir kepkite, kol vidurys taps nepermatomas, 4–6 minutes ilgiau. 2 mentelėmis išimkite lašišą nuo grotelių. Nuslysti nuo odos.

e) Kresų salotas supilkite su padažu ir padalinkite į 4 lėkštes. Ant viršaus uždėkite ant grotelių keptos lašišos gabalėlį. Papuoškite laimo skiltelėmis. Patiekite iš karto.

97. Ant grotelių kepta lašiša su pankolio salotomis

Išeiga: 2 porcijos

Ingredientas

- 2 140 g lašišos filė
- 1 svogūninis pankolis; smulkiai supjaustyti
- ½ kriaušės; smulkiai supjaustyti
- Keli gabalėliai graikinių riešutų
- 1 žiupsnelis susmulkintų kardamono sėklų
- 1 apelsinas; segmentuoti, sultys
- 1 krūva kalendros; susmulkinti
- 50 gramų Light fromage frais
- 1 žiupsnelio cinamono milteliai
- Smulkinta akmens druska ir malti juodieji pipirai

Nurodymai:

a) Lašišą pagardinkite druska, pipirais ir kepkite ant grotelių.

b) Sumaišykite kriaušę su pankoliu ir pagardinkite daug juodųjų pipirų, kardamono ir graikinių riešutų.

c) Apelsinų sultis ir žievelę sumaišykite su skrudintais sriubais ir įdėkite šiek tiek cinamono. Į lėkštės vidurį įdėkite pankolio krūvelę, o ant viršaus suberkite lašišą. Papuoškite lėkštės išorę oranžiniais gabalėliais ir pabarstykite apelsinų žievelėmis.

d) Pankolis mažina toksinų alkoholio poveikį organizmui ir yra geras virškinimą skatinantis veiksnys.

98. Ant grotelių kepta lašiša su bulvėmis ir rėžiukais

Išeiga: 6 porcijos

Ingredientas

- 3 svarai Mažas raudonas plonaodis
- Bulvės
- 1 puodelis Smulkiai pjaustyto raudonojo svogūno
- 1 puodelis pagardinto ryžių acto
- Maždaug 1/2 svaro vandens rėžiukai
- Išskalauti ir sutraiškyti
- 1 lašišos filė, apie 2 svarai.
- 1 valgomasis šaukštas sojos padažo
- 1 valgomasis šaukštas Tvirtai supakuoto rudojo cukraus
- 2 puodeliai alksnio arba meskito medžio drožlių
- Išmirkytas vandenyje
- Druska

Nurodymai:

a) 5-6 litrų keptuvėje ant stiprios ugnies užvirinkite apie 2 litrus vandens; pridėti bulvių. Uždenkite ir troškinkite ant silpnos ugnies, kol pradurtos bulvės suminkštės, 15-20 minučių. Nusausinkite ir atvėsinkite.

b) Svogūnus maždaug 15 minučių pamirkykite šaltame vandenyje, kad apsemtų. Nusausinkite ir sumaišykite svogūnus su ryžių actu. Bulves supjaustykite ketvirčiais; pridėti prie svogūnų.

c) Nupjaukite švelnias rėžiukų šakeles nuo stiebų, tada smulkiai supjaustykite tiek stiebelių, kad pagamintumėte $\frac{1}{2}$ puodelio (išmeskite priedus arba išsaugokite kitiems tikslams). Sumaišykite susmulkintus stiebus ant didelės ovalios lėkštės su bulvių salotomis; uždenkite ir laikykite šaltai. Lašišą nuplaukite ir nusausinkite. Padėkite odą puse žemyn ant sunkios folijos gabalo. Nupjaukite foliją, kad atitiktumėte žuvies kontūrus, palikdami 1 colio kraštelį.

d) Suspauskite folijos kraštus, kad jie priglustų prie žuvies krašto. Sumaišykite sojų padažą su ruduoju cukrumi ir sutepkite ant lašišos filė.

e) Padėkite žuvį ant grotelių vidurio, o ne ant žarijų ar liepsnos. Uždenkite kepsninę (atviros angos anglims) ir kepkite, kol žuvies storiausia dalis bus vos nepermatoma (supjaustykite pagal bandymą), 15–20 minučių. Perkelkite žuvį į lėkštę su salotomis. Įberkite druskos pagal skonį. Patiekite karštą arba šaltą.

KARDŽUVĖS

99. Mandarinų sezamo kardžuvė

Porcija: 4

Ingredientas

- 1/2 puodelio šviežių apelsinų sulčių
- 2 šaukštai sojos padažo
- 2 arbatinius šaukštelius sezamo aliejaus
- 2 arbatiniai šaukšteliai tarkuotų šviežių imbiero šaknų
- 4 (6-uncijos) kardžuvės kepsniai
- 1 (11-uncijos) konservuoti mandarinai, nusausinti
- 1 valgomasis šaukštas sezamo sėklų, skrudintų

Kryptys

a) Dideliame sandariame plastikiniame laikymo maišelyje sumaišykite apelsinų sultis, sojų padažą, sezamo aliejų ir imbierą; Sudėkite žuvį, uždarykite maišelį ir marinuokite šaldytuve 30 minučių. Išimkite žuvį iš marinato, palikite marinatą.

b) Įkaitinkite grilį iki vidutinės-didelis karštis.

c) Padėkite žuvį ant aliejumi išteptos grotelės. Kepkite žuvį ant grotelių 6–7 minutes iš kiekvienos pusės arba tol, kol ji lengvai suskils šakute.

d) Tuo tarpu į puodą supilkite rezervuotą marinatą ir užvirinkite ant stiprios ugnies. Leiskite virti, kol sumažės ir sutirštės. Suberkite mandarinus ir užpilkite ant kardžuvės.
e) Pabarstykite sezamo sėklomis ir patiekite.

100. Aštrūs kardžuvės kepsniai

Ingredientas

- 4 (4 uncijos) kardžuvės kepsniai
- 1/4 arbatinio šaukštelio Kajeno, čiobrelių ir raudonėlio
- 2 valgomieji šaukštai paprikos
- 2 šaukštai margarino arba sviesto (tirpinto)
- 1/2 arbatinio šaukštelio druskos, pipirų, svogūnų ir česnako miltelių

Kryptys

a) Užkandžiui kardžuvės kepsnelius supjaustykite nedidelėmis juostelėmis. Pavalgyti kardžuvės kepsnius palikite sveikus. Sumaišykite visus sezonus. Pamerkite žuvį į lydytą sviestą. Abi puses aptepkite prieskoniais. Padėkite ant grotelių.

b) Kepkite apie 4 minutes; apverskite ir kepkite dar maždaug 4 minutes arba tol, kol žuvis taps tvirta ir susmulkins. Padaro 4 porcijas.

IŠVADA

Jūros gėrybės yra vienas iš labai prekiaujamų maisto produktų, kurie yra pagrindinis vietinis maistas ir užima didelę daugelio šalių ekonomikos dalį. Pelekinės žuvys ir vėžiagyviai yra dvi pagrindinės žuvų klasės, įskaitant baltąsias žuvis, žuvis, kuriose yra daug aliejaus, moliuskus ir vėžiagyvius.

Jūros gėrybės buvo laikomos puikiu įvairių maistinių junginių, tokių kaip baltymai, sveikieji riebalai (polinesočiųjų riebalų rūgščių, ypač omega-3 ir omega-6), jodo, vitamino D, kalcio ir kt., šaltiniu, ir šie junginiai turi profilaktinį poveikį daugeliui širdies ligų. ir autoimuniniai sutrikimai.

www.ingramcontent.com/pod-product-compliance
Lightning Source LLC
Chambersburg PA
CBHW070509120526
44590CB00013B/790